Os colegas de Anne Frank

Este livro é dedicado a Suus e Barend Van Beek, que me receberam em suas casas e em seus corações durante dois anos e meio da Segunda Guerra Mundial, e arriscaram seriamente suas vidas.

Theo Coster

Os colegas de Anne Frank

O reencontro dos sobreviventes do Liceu Judaico

Tradução
Cristiano Zwiesele do Amaral

4ª reimpressão

Nederlands letterenfonds
dutch foundation
for literature

A editora agradece o apoio da Fundação Holandesa para a Literatura.

Grafia atualizada segundo o Acordo Ortográfico da Língua Portuguesa de 1990, que entrou em vigor no Brasil em 2009.

Título original
Klasgenoten van Anne Frank

Capa
Glenda Rubinstein

Imagens de capa
ADE Johnson/ANP/AFP
Getty Images

Revisão
Ana Julia Cury
Mariana Freire Lopes
Suelen Lopes

CIP-Brasil. Catalogação na fonte
Sindicato Nacional dos Editores de Livros, RJ

C88c

Coster, Theo
Os colegas de Anne Frank / Theo Coster; tradução Cristiano Zwiesele do Amaral. — 1ª ed. — Rio de Janeiro: Objetiva, 2012.
200p.

Tradução de: *Klasgenoten van Anne Frank*
ISBN 978-85-390-0368-6

1. Coster, Theo. 2. Frank, Anne, 1929-1945 – Amigos e companheiros. 3. Judeus alemães – Amsterdã (Países Baixos) – Biografia. 4. Holocausto judeu (1939-1945) – Amsterdã (Países Baixos). I. Título

12-2188 CDD: 940.4318
CDU: 94(100)"19939/1945"

[2017]

EDITORA SCHWARCZ S.A.
Praça Floriano, 19, sala 3001 — Cinelândia
20031-050 — Rio de Janeiro — RJ
Telefone: (21) 3993-7510
www.companhiadasletras.com.br
www.blogdacompanhia.com.br
facebook.com/editoraobjetiva
instagram.com/editora_objetiva
twitter.com/edobjetiva

PRÓLOGO

O NASCIMENTO DE UMA IDEIA

O ano do meu 14º aniversário — ano em que eu, Maurice Coster, brincava com colegas de turma tais como Anne Frank — fica cada vez mais distante com o passar dos anos. Já se passaram 65 deles desde que os alemães decretaram que as crianças judias de Amsterdã passassem a frequentar exclusivamente escolas judaicas. Os meus pais, assim como os de Anne, optaram por nos matricular no Liceu Judaico. A crescente perseguição aos judeus se fazia notar no sumiço de um número cada vez maior de crianças das salas de aulas. Soube-se posteriormente terem sido presas, enviadas aos campos de concentração ou encontrado refúgio.

Graças à oportuna intervenção do meu pai, pudemos nos esconder antes que os alemães viessem bater à nossa porta. A minha irmã Freddy, três anos mais velha que eu, tinha sido enviada alguns meses antes a um internato católico para moças na Bélgica. Os meus pais e eu nos mantínhamos em esconderijos separados, em diferentes pontos da Holanda, a salvo dos alemães. Eu me encontrava em Vaassen, abrigado por um casal sem filhos, e fingia ser um sobrinho vindo de Amsterdã para passar um tempo com os tios. Por conta da nova identidade, tive de adotar outro nome. Optei por Theo: Theo Coster, nome que conservo até hoje.

Olhando em retrospecto, me dou conta de que atravessei o período da guerra relativamente incólume, assim como o resto da minha família. De volta a Amsterdã, pudemos reaver a nossa casa sem mais impedimentos: ali estava ela, intacta e no lugar de sempre, como se nada tivesse acontecido.

Encerrada a guerra, meu maior desejo era reincorporar-me à vida ativa. Em 1948, quando li *Het Achterhuis** (*O diário de Anne Frank*), me impressionei com as privações e os maus-tratos que sofrera na pele minha antiga colega de turma. Sua maneira adulta de narrar, pensar e agir me parecia extraordinária para a idade que tinha.

Após a conclusão dos estudos em Nijenrode, me vi forçado a trabalhar três anos na gráfica do meu pai. Comecei então a ouvir falar das possibilidades que se ofereciam em Israel a jovens com certa formação como eu. Estando na parte setentrional do país, no estado da Frísia, para ser mais exato, comprei uma motocicleta e dali mesmo pus o pé na estrada. Cruzei-a de ponta a ponta; uma Europa que, ainda convalescente da guerra que a arrasara, já se preparava para a seguinte: a Fria.

Deixei as guerras às minhas costas. Em Israel, encontrei rapidamente uma boa colocação e conheci a mulher que viria a ser minha esposa, Ora. Tanto ela quanto eu professávamos o judaísmo, e Tel Aviv — onde vivíamos e vivemos até hoje —

---

* O título original holandês significa, de fato, "O anexo secreto", referência ao esconderijo nos fundos do imóvel em que ficava o escritório do pai de Anne Frank, para onde se transfere a família dela ao receber em julho de 1942 a notícia de que teria de mudar-se para um campo de trabalhos forçados. (N. do T.)

se tornou um porto seguro para muitos judeus como nós. Ainda assim, a minha escolha não tinha sido motivada pela ideia do Estado Judaico de Israel; eu estava simplesmente à procura de um lugar para viver e trabalhar, e expressar minha criatividade.

Tudo isso foi possível aqui. Ora e eu não tivemos de esperar muito para termos ideias fantásticas. A nossa grande inovação no mercado veio em 1979, com a invenção do jogo de tabuleiro *Cara a Cara*. O fabricante de jogos MB se entusiasmou tanto quanto nós e o acabou lançando na Grã-Bretanha. Foi um grande sucesso. Em 1982 foi lançado na América, e então ganhou as prateleiras das lojas de praticamente todos os países do mundo.

Pensamentos acerca da guerra nunca me abandonaram realmente, mas foi só mais adiante que me vi obrigado a rememorá-la. Em 2001, foi publicado *Absent*, de Dienke Hondius. O livro apresenta um estudo detalhado dos eventos ocorridos entre 1941 e 1943, quando Jacques Presser e Jaap Meijer estiveram ligados, na condição de docentes, ao Liceu Judaico.

O maior número de antigos colegas de turma tinha sido convidado para o lançamento do livro. Como não podia deixar de ser, aceitei o convite. Ora e eu já viajávamos pelo mundo inteiro a trabalho e ainda visitávamos com regularidade parentes em Amsterdã. Praticamente a metade dos 110 alunos ainda vivos estaria presente.

A apresentação ainda estava por começar, mas já estávamos prontos havia um tempinho, aguardando na sala da prefeitura. Foi feita então uma breve introdução sobre o Liceu

Judaico. Eu só havia cursado as duas primeiras séries lá. Não tinha a mínima ideia do fim que haviam levado meus antigos colegas. Dei uma boa olhada ao meu redor, procurando identificar nos rostos idosos as crianças com quem tinha frequentado a escola. Mas em vão.

Encerrado o preâmbulo protocolar, meu olhar se fixou no vazio. Por alguns instantes, me senti de novo transportado ao verão de 1944...

O dia está bonito, os juncos ao longo do canal de Apeldoorn dobram-se ao sabor do vento. Só mesmo a duras penas consigo refrear aquele nervosismo maravilhoso de quando se está a ponto de infringir alguma regra expressa. Tive de jurar silêncio àquele que me acompanha sobre a nossa escapada de pesca.

— Faça o favor de tirar essa vara daí — diz. Lança-me um olhar de cumplicidade, a de homens entre si, apesar de eu não ter chegado nem aos 15 ainda. — Tenho algo melhor.

Aos nossos pés, o canal segue o seu curso.

— Recue um passo — diz o homem, ao mesmo tempo que faz aparecer algo de dentro da mochila. — Você está pronto para o que vem aí?

Cheio de expectativa, fico parado para observar, as orelhas tapadas com as mãos. Sinto que estou, como há muito tempo não acontece, diante de alguma grande surpresa. Leio nos seus lábios algo como "Aí vamos!", seguido do meu nome — ou melhor, do que ele acredita ser o meu nome. Com um movimento brusco, retira a cavilha de uma granada de mão, arremessa o objeto para longe de nós no canal, e, em questão de segundos, aparece, com um estampido, ainda que abafado, uma coluna de água; um jorro esguichando para todos os lados.

Dedica-me um olhar divertido, e eu me dobro de tanto rir. Seriam os nervos? É que não há como não rir: ele ali de pé, com as mangas encharcadas, nos braços a rede de pesca e os peixes que vamos comer esta noite; os peixes cintilando ao sol da mesma maneira que as botas dele, das quais escorre ainda a água do canal — até mesmo num dia como o de hoje, engraxadas minuciosamente, com um zelo extremo, a postos para tomar parte no primeiro desfile festivo que lhes aparecer; o cinto afivelado demarcando à cintura a divisão do uniforme em duas partes.

Quando se abaixa para recolher os peixes e metê-los na mochila, o sol bate em cheio sobre duas minúsculas figuras em forma de relâmpago à altura do colarinho. A mesma letra repetida, uma abreviação que inspiraria repulsa decênios a fio.

— Vamos?

Ora pousou uma das mãos sobre meu ombro. Com um sobressalto, afastei para longe a lembrança, que já tinha 57 anos. Todos estavam levantando, com muita cautela — não é à toa que dizemos estar no outono da vida —, e alguns, se arrastando com passo trôpego, já tinham até mesmo alcançado a mesa onde se serviam café e biscoitos. Eu ainda não reconhecia muitos rostos, apesar de haver entre eles, seguramente os que eu tinha visto diariamente no passado, colegas de turma com quem frequentava a escola, pedalava no caminho de volta para casa, festejava aniversários e tomava sorvete. Como eu, durante a apresentação eles também devem ter revivido intimamente episódios de guerra. Foi quando me dei conta de que formávamos um grupo de sobreviventes sem par, reunidos em classes repletas de recordações. Ocorreu-me também que todos nós estávamos alcançando a casa dos 80.

Desde o nascimento dos meus netos, estive sistematicamente diante de classes de aula em Israel para narrar minha história. Israel foi criado com o fim de estabelecer um porto seguro para o povo judeu após as atrocidades da Segunda Guerra Mundial. Nesse contexto, registrá-las e fazê-las correr de boca em boca era, como não podia deixar de ser, de fundamental importância. Por conta disso, no outono de 1951, foi instituído o Yom HaShoá, o dia de lembrança das vítimas do Holocausto, em que se para a fim de pensar nos seis milhões de judeus assassinados durante a Segunda Guerra Mundial. Aos meus dois filhos, naturalmente, não pude deixar de narrar em quais condições eu havia atravessado a guerra, além do fato de ter sido colega de classe de Anne Frank. No final, os meus relatos também já tinham se infiltrado, com relativa rapidez, nas salas de aula dos meus netos. Solicitaram-me que fosse à escola no dia do Yom HaShoá contar sobre as minhas experiências e sobre como me sentia por ter sido colega de classe de Anne Frank.

O retorno que tive das crianças foi extremamente positivo. Gostaram de ficar sabendo sobre uma vida que, até então, lhes era absolutamente desconhecida. No ano seguinte, outra escola quis que eu repetisse a experiência, e, passado um ano, mais uma, até que os convites passaram a ser fato corriqueiro.

Em 2007, certo dia cheguei em casa e disse à minha esposa que as palestras tinham começado a ficar pesadas para mim.

— E o que é que você esperava? — perguntou Ora. — Com quase 80 anos de idade!

— Pode ser, mas eu considero meu dever narrar o que vivi.

Fomos nos sentar junto ao balcão do bar que tínhamos em casa, o que sempre fazíamos em situações assim. Ficamos em silêncio até que Ora o quebrasse com uma proposta:

— Por que você não transforma a história em filme?

Olhei-a, pasmo.

— Como assim?

— Filmar. Filmar sua história — disse. — Poderíamos pensar num projeto e, quem sabe, contratar um entrevistador e um cineasta.

Considerei a ideia. Não parecia de todo má. Registrado, meu relato poderia chegar ao conhecimento de muito mais pessoas que apenas ao dos frequentadores anuais de uma palestra escolar no dia do Yom HaShoá.

— Seria possível localizar outros companheiros de turma seus de então? — perguntou Ora. — Quem sabe não colaborassem e, inclusive, contassem as respectivas histórias?

— *Os colegas de Anne Frank* — sugeri.

Deixamos a ideia amadurecer. Seis anos antes, quando da apresentação de *Absent,* eu havia me encontrado com Nanette Blitz Konig, com a qual, desde então, vinha mantendo contato por e-mail. Ela havia falado que continuava em contato com alguns outros alunos. Poderia escrever-lhe para perguntar o que achava da ideia.

Fixei o olhar em Ora. Desde a década de 1960 me ocorriam todos os tipos de projeto: tínhamos inventado jogos e criado obras de arte, escrito livros, concebido protótipos lúdicos, pintado e esculpido. Por que não fazer um filme, um filme sobre os colegas de turma de Anne Frank?

A ideia se revelou bastante fértil. Eu mantive longas conversas via Skype com Nanette. Embora ela estivesse em São Paulo e eu em Tel Aviv, era como se falasse com uma vizinha de toda a vida. Conversávamos em holandês e nos surpreendíamos em não haver perdido a fluência da língua após tantos anos vivendo no exterior. Nanette se mostrou entusiasmada e contou que tinha contato com alguns dos nossos antigos colegas, quatro no total: Jacqueline van Maarsen, Lenie Duyzend, Albert Gomes de Mesquita e Hannah Goslar. Esta última, de acordo com Nanette, vivia em Jerusalém, sendo assim a mais fácil de abordar. Encontrei em dois tempos uma cineasta profissional na pessoa de uma velha conhecida da família: Eyal Boers, cineasta talentosa que, ademais, dominava três idiomas. A primeira e mais lógica escolha. A bisavó de Eyal e minha própria avó haviam brincado juntas quando meninas, em 1872, na mesma rua de Amsterdã, a Weesperstraat, e as duas famílias tinham permanecido amigas desde então.

Nos meses que se seguiram, determinei, com auxílio de Ora, o conteúdo do documentário. Anne Frank registrou a sua história, com precisão e de maneira brilhante, até o momento da delação. O seu relato é único, mas não deixa de ser o relato de uma menina judia que tem de se esconder; cuja vida, porém, ainda assim termina de maneira fatídica. Cada colega de turma, naturalmente, tinha a sua própria história. A vida de cada um tinha tomado cursos dos mais distintos, mas o ponto de partida era o mesmo: o Liceu Judaico. Pareceu-nos a mim e a Ora uma boa ideia ir à procura de ex-colegas dispostos a contribuir e, na medida do possível, solicitar que todos se reunissem em Amsterdã. Poderíamos contar um para o outro a nossa história pessoal e encontrar um fio condutor comum que revelasse as experiências conjuntas de um grupo de alunos cuja vida fora radicalmente transformada pela guerra. Poderíamos mostrar que sorte e azar às vezes se encontram, injustamente, bem próximos um do outro, sobretudo em tempos difíceis. Poderíamos registrar os nossos relatos para a posteridade da mesma forma que o fizera Anne Frank. Difícil, na nossa idade: o número de testemunhas oculares está diminuindo. Mais uma razão para pôr mãos à obra e registrar nossa experiência, porque ainda há muita gente por aí afirmando que a situação não foi tão trágica assim, ou pior: que o Holocausto jamais aconteceu.

PARTE I

RUMO A UMA NOVA ESCOLA — AOS 12 ANOS

Em setembro de 1941, os alemães determinaram por decreto-lei que as crianças judias estavam proibidas dali em diante de frequentar as mesmas escolas que as não judias. Apesar de eu já ter prestado o exame de admissão ao ensino secundário público, me vi obrigado a frequentar um ginásio judaico. A escolha recaiu sobre o Liceu Judaico.

O Liceu Judaico estava localizado na Voormalige Stadstimmertuin, uma ruela logo ao lado do Teatro Carré. Tratava-se de um estabelecimento de ensino médio com corpos docente e discente compostos exclusivamente por judeus. Hoje em dia, o edifício abriga uma escola de formação de cabeleireiros, mas a fachada praticamente não mudou. Uma placa comemorativa de vidro mantém viva a lembrança do passado da casa, assim como a estrela de davi forjada em metal, deformada, logo acima da entrada. A escola só funcionou alguns poucos anos. Chegou um momento em que simplesmente não havia mais alunos, nem professores. Eu mesmo fazia parte dos alunos que, por um golpe do destino, abandonaram os estudos precocemente.

Foi agradável constatar, durante a apresentação do livro *Absent,* que um número relativamente grande dos convidados ainda estava vivo. Cinquenta por cento dos alunos do Liceu Judaico sobreviveram à guerra, ao passo que, em escala nacional, essa cifra se reduz aos vinte por cento. Ninguém sabe, em verdade, dar conta da diferença. Não foi realizada (ainda) uma pesquisa sistemática a respeito. Supõe-se que muitos alunos e professores tenham conseguido sobreviver por terem encontrado refúgio (e, na maior parte das vezes, por possuírem dinheiro para tal) ou ainda graças a contatos pessoais diretos com o *Joodse Raad*,* conseguindo adiamento de deportação até 1943. Classe, dinheiro, rede social: elementos que podem ter sido decisivos. Só eu sei o quanto devo à coleção de selos de papai, que a foi vendendo pouco a pouco. Ou às joias de mamãe que, a certa altura, decidiu vendê-las sem que tomássemos conhecimento. A questão agora é saber até que ponto uma pequena fortuna ou uma rede social de amigos pode ter sido de fundamental importância na época.

O fato de termos todos frequentado o Liceu Judaico nos dava o sentimento de fazer parte de um grupo seleto, o que era agradável e estimulante, ao mesmo tempo que atemorizante. Sabíamo--nos especiais, eleitos para receber um tratamento especial, sem que soubéssemos, ainda que minimamente, em que ele consistia. É possível que alguns dos pais de alunos tivessem suspeitas concretas, mas tenho a impressão de que evitavam assustar inutilmente as crianças. Fosse como fosse, nenhum de nós tinha a menor ideia do que nos aguardava.

---

* Conselho Judaico, iniciativa do ocupante alemão: uma organização judaica que deveria dirigir a comunidade dos judeus, primeiro de Amsterdã, e logo da Holanda inteira. (N. do T.)

Em setembro de 1941, pouco antes do início do ano letivo, tornei-me Bar Mitzvá, o que acontece quando um menino judeu completa 13 anos e alcança a "maioridade religiosa". A solenidade é ratificada na sinagoga por uma cerimônia. O edifício em que me tornei Bar Mitzvá, na rua Lek, ainda está de pé, mas já deixou de funcionar como sinagoga. Naquela altura, ainda não corríamos grandes riscos ou, pelo menos, não de natureza tão grave que deixássemos de burlá-los. Para celebrar a minha maioridade religiosa, havíamos convidado aproximadamente vinte pessoas. De presente, ganhei livros de química (a minha grande paixão), além do bolo feito por mamãe.

Os professores do Liceu Judaico, além de terem grande conhecimento das suas respectivas matérias, eram também simpaticíssimos. Jaap Meijer, que lecionava história, passou posteriormente a redator do jornal *De Joodse Wachter*. Também Jacques Presser era um professor popular. Eu não tinha matérias exatamente preferidas, mas era evidente a minha inclinação pelas exatas: química, física, álgebra e geometria.

Vejo o Liceu Judaico não tanto como uma escola judaica, mas como uma escola normal frequentada por judeus. Não se dedicava atenção especial ao judaísmo como doutrina, de modo que, se isso chegou a acontecer, deve ter se dado de maneira tão pouco explícita que eu já não me lembro de nada. Não acredito que tivéssemos aulas de religião ou que celebrássemos qualquer ritual judaico. Visto não ter sido criado num ambiente religioso estrito, tampouco sentia falta do que fosse.

Também não consigo me lembrar de que os alunos falassem entre si da nossa fé ou das nossas origens judias, apesar da razão de nos reunirmos ali ser justamente essa. O mais provável é que não conversássemos a respeito na escola porque tais questões vinham à tona em casa, no entorno familiar. As discussões versavam não tanto sobre o judaísmo, mas antes sobre os problemas advindos das restrições impostas a nós pelos alemães. Sobretudo em casa e fora do ambiente escolar é que as restrições mais se faziam sentir, de maneira que as discussões sobre esses tópicos se davam dentro do lar.

Certo dia, algumas crianças simplesmente não compareceram às aulas. Um início dos mais corriqueiros para o horror que se seguiria. No dia seguinte, também se deu pela falta de outro aluno. As salas de aulas foram paulatinamente se esvaziando, mais e mais. Enquanto isso, os alunos iam reconfigurando a disposição das classes, se aproximando cada vez mais uns dos outros. Ninguém se atrevia a formular a pergunta "Onde foram parar as outras crianças?": de uma maneira ou de outra, sabíamos tacitamente que o assunto era tabu na sala de aula. Estavam "ausentes"; mais que isso não queríamos, ou melhor, não *ousávamos* saber. Presos ou refugiados, só Deus o sabia. Eu próprio nunca cheguei a presenciar qualquer dessas *blitz*, as famosas batidas policiais de caça aos judeus, mas estava inteirado da sua existência. A única certeza que tínhamos era a de que os alunos não faltavam às aulas por motivo de doença. Parecia ter algo a ver com os campos de trabalho forçado na Alemanha. Vários judeus maiores de idade foram convocados e, a partir da primavera de 1942, também adolescentes de 16 anos recém-completados. Foi nesse contexto que Margot Frank, 16 anos, recebeu uma convocação, o que fez a família Frank procurar refúgio imediato.

Se não me falha a memória, foi nesse período que os meus pais também decidiram se esconder, de maneira que tive de desaparecer, faltando às aulas a partir de então. Eu também passei a constar na lista de presença como "ausente", sem que ninguém soubesse onde eu estava ou o que acontecia comigo.

Ao total, 490 meninos e meninas frequentavam o Liceu Judaico. Após a guerra, só metade dos alunos voltou. Na minha classe havia trinta. Dezessete deles acabaram em campos de concentração e extermínio, assassinados pelos nazistas.

Tive de deixar a escola antes de Anne Frank. Para mim, ela não passava de mais uma colega de classe; nunca me havia chamado especialmente a atenção, apesar de eu a achar simpática. Nada de romance, sobretudo porque eu não havia amadurecido o suficiente para namorar de verdade, como, aliás, ninguém da nossa classe, suspeito eu. Algum namorico, sim, devia haver, mas nada de práticas com o título oficial de relacionamento e direito a beijo ou a um exercício amoroso mais ousado. Naqueles tempos, andar de mãos dadas já era considerado escandaloso.

Ainda me custa referir-me a ela como "Anne Frank". Na sala de aula, nós a conhecíamos por "Annelies". Era assim que a chamávamos. Imagino que ela gostasse mais de "Anne". Era com ele que assinava as cartas do diário, nome que também aparece em *Het Achterhuis*. Fosse como fosse, em classe ela era Annelies, e era assim que eu sempre a chamara. Ela, por sua vez, jamais pôde suspeitar que um dia eu me chamasse "Theo". Para ela eu era "Maurice".

A primeira colega de classe que vou visitar é Hannah Pick-Goslar, domiciliada em Israel como eu. O trajeto da minha casa à dela, em Jerusalém, não chega nem a 60 quilômetros. De carro, costumo chegar em uma hora a Jerusalém, mas faz um calor horrível, e o trânsito está uma loucura. Com a cineasta ao meu lado, apesar da atenção que requer dirigir no caos, retomo os dados sobre o histórico de Hannah. Sei que, antes de a guerra eclodir na Holanda, havia se mudado com os pais de Berlim para Amsterdã. Foi apanhada com toda a família na grande incursão de 20 de junho de 1943 na região de Amsterdã-Zuid. Hannah foi parar no campo de concentração de Bergen-Belsen. Lá, teve oportunidade de trocar algumas palavras com Anne vez ou outra, através do arame farpado. A primeira vez em que falara com ela fora graças à intervenção de uma certa senhora Daan, amiga da família Frank. Estava do outro lado do arame farpado e encontrou uma maneira de dizer a Hannah que Anne se encontrava ali com ela. Hannah, convencida de que a família Frank estava na Suíça, em segurança, não acreditava nos próprios ouvidos. Não muito depois, ouviu a voz de Anne. Por conta da palha metida pelo arame, não conseguiam se ver. Logo após falar com ela, Hannah lhe prometeu um embrulho da Cruz Vermelha, que atiraria por cima da cerca de arame. Do lado de lá, o lado dos prisioneiros intercambiados, não se distribuíam pacotes de ajuda humanitária. Na noite seguinte, jogou o embrulho por cima da cerca de arame farpado, mas o pacote caiu nas mãos de outra pessoa, que rapidamente fugiu com ele. Alguns dias depois, funcionou.

Quero hoje falar com Hannah a respeito de miudezas, dessas que praticavam todos os da nossa idade. Estou impaciente para ouvir o retrospecto que ela faz hoje no que se refere ao Liceu Judaico.

Assim que chegamos à sua casa, toda a agonia da viagem parece se dissipar como que por encanto. Trata-se de uma senhora alegre, de batom rubro, trajando uma blusa vermelha e, sobre a cabeça, um chapéu branco miúdo, de excelente gosto. As estantes cheias de livros, e as cores claras das paredes sugerem que ela, ainda nos dias de hoje, desfruta da vida plenamente. A luz ofuscante do sol se reflete no vidro das janelas. Apesar das cortinas cerradas, a sala de estar está banhada em luz. Como se Hannah acreditasse que desta maneira seria mais fácil desenterrar as memórias, serviu-nos limonada e quitutes.

Entre os livros que tem na estante, encontro uma antiga edição de *Verhaaltjes en gebeurtenissen uit het Achterhuis** de Anne Frank. Retiro-o da prateleira para folheá-lo.

— Você sabia que meu nome consta aqui? — pergunto.

Procuro um fragmento do capítulo.

— Está lembrado? Memórias dos tempos no Liceu Judaico, em que aparece o meu nome.

Hannah ri, surpresa. É claro que não faltavam quaisquer títulos que versassem sobre ela na biblioteca de todos os que frequentaram o Liceu com Anne e sobreviveram à guerra, cada um deles lido pelo menos uma vez, o que, porém, não significa que soubéssemos de cor e salteado todos os detalhes.

Hannah endireita com o indicador os óculos de leitura e se põe a ler-me uma passagem do diário de Anne. As linhas pro-

* "Historietas e acontecimentos do Anexo secreto." (N. do T.)

vêm das anotações do dia 27 de novembro de 1943, sábado: Anne sonhando com Hannah, na verdade, um pesadelo.

— "Eu a vi diante de mim, vestida em farrapos e com um rosto abatido e esquálido. Os olhos esbugalhados se fixaram em mim com tanta tristeza e tanta repreensão que era como se dissessem 'Ai, Anne! Por que você tinha que me abandonar?'"

Franzindo de repente o rosto, prossegue a leitura. Anne descreve quão culpada se sente em relação à amiga, e pede auxílio a Deus. A essa altura, Anne não podia saber onde se encontrava Hannah, ainda mais porque ao Anexo secreto mal chegavam notícias a respeito do mundo exterior. "Tenho de afastar esses pensamentos", prossegue Anne, "porque eles não me levam a lugar algum. Ainda a vejo mentalmente, com aqueles olhos imensos que ela cravava em mim".

Com um movimento estudado, Hannah fecha o exemplar do diário. Faz menção de voltar o livro à biblioteca, mas o coloca sobre a mesa, a meio caminho entre mim e ela. Os quitutes e a limonada perdem o caráter festivo de antes.

Eu me lembro de ter de pedir autorização à mamãe, na escola primária, antes de convidar Anne para dormir conosco em casa, o que costumava ser habitual com crianças daquela idade, mas, no nosso caso, havia algo mais em jogo: a diferença entre os judeus holandeses e os oriundos de países a leste da Holanda, como a Alemanha ou a Polônia.

A minha família já vivia havia gerações na Holanda. É bem verdade que a minha mãe vinha de Bruxelas, mas a família dela era de Den Bosch. Tínhamos supostamente sido judeus portugueses, poderíamos nos chamar hoje Castro ou Da

Costa. O provável é que os nossos sobrenomes nunca tenham sido adaptados ao holandês, ou que um antigo antepassado tenha, com efeito, sido um sacristão*. Seja como for, nenhum de nós falava ídiche. Isso era mais coisa dos *Ost-Juden*, os judeus vindos da parte oriental da Alemanha e da Polônia. Eles também tinham vindo parar na Holanda fugindo das perseguições dos nazistas. As dificuldades que enfrentavam estavam patentes: muito a contragosto, tinham tido de abandonar amigos e companheiros de trabalho, não falavam holandês e deveriam buscar trabalho outra vez. Para os judeus do leste, havia ainda um agravante: eram vistos com menosprezo, dizia-se que eram menos civilizados. É verdade que Anne não tinha vindo do leste da Alemanha, mas de Frankfurt. Ter de pedir autorização para brincar com ela não passava de uma formalidade. De resto, eu a conhecia como se conhecem quaisquer colegas de classe que morem num mesmo bairro, ou seja, pedalávamos juntos para a escola e nos convidávamos para os aniversários.

— No diário, a Anne escreve sobre uma festa de aniversário na própria casa. Você se lembra se eu estava presente, lá na praça Merwede? — pergunto a Hannah.

— Deixe-me ver — responde ela após alguma reflexão —, para dizer a verdade, eu não me lembro de terem convidado meninos.

— Pois é, mas eu estava, e isso foi em 1942 — digo.

— Espere aí... Aquela festa de 1942, em que a gente assistiu a um filme?

---

* *Koster* em holandês significa "sacristão" (cf. Koster e Coster). (N. do T.)

— Essa mesma. O Otto projetou o filme do *Rim-Tim-Tim*.

— Acho que lembrei. Devem ter convidado muita gente porque naquela época ir ao cinema era proibido. Por isso também convidou meninos, e de amigos meninos ela sempre esteve bem servida.

— Pois é, eles não faltavam nunca. Como é mesmo que ela os descreveu? "Tenho um cortejo de adoradores que buscam o meu olhar e, quando não tem outro jeito, me espiam durante a aula com o rabo do olho num espelhinho de bolso quebrado." Sábado, dia 20 de junho de 1942. Está lá anotadinho, juro.

Da festa de aniversário de Anne, à qual fui convidado, ainda me lembro em linhas gerais. Uma festa convencional, durante o dia, na casa da família Frank junto à praça Merwede; se não me engano, um sábado à tarde. Meninos e meninas, estávamos todos impacientes para ver o filme que seria projetado: *Rim-Tim-Tim*, longa-metragem que tinha como protagonista um pastor-alemão do mesmo nome — ou seja, uma espécie de Lassie.

Otto Frank era representante da Opekta, uma marca de pectina. A pectina era na época um elemento essencial no confeito de geleias. Antes de o filme começar, Otto Frank projetou um curta-metragem sobre o uso da pectina. Como a minha mãe costumava preparar geleia de morango, o tema me interessou.

Não havia Coca-Cola, mas bebemos limonada, acompanhada de biscoitos e um pedaço de bolo. Anne havia disposto os presentes sobre uma mesa. Do que eu lhe dei eu já não me lembro, provavelmente um livro.

— Como você descreveria a Anne? — pergunto a Hannah.

— Uma pimentinha — responde ela. — Na Holanda, acho que a chamariam de cabeça-dura. A minha mãe sempre dizia: "Deus tudo sabe, mas a Anne sabe ainda mais." Eu própria acredito que ela fosse mesmo uma sabichona.

Hannah desata a rir.

Há um tanto de verdade no que ela diz. Eu, por minha parte, a qualificaria de atrevida. Na sala de aula, não tinha papas na língua. Era esperta, mas a meu ver não excepcionalmente inteligente.

Hannah conta, encerrada a guerra, ter perguntado à senhora Kuperus se o seu marido poderia visitar a escola. A senhora Kuperus era a diretora.

— Quando estávamos na escola com ela, eu lhe perguntei: "Você chegou a observar na época algo de diferente com a Anne?" Ela disse que não, mas acho que fez um comentário acertado quando observou que, se uma menina daquela idade se isola dos amigos, das plantas, dos animais, enfim, de tudo, e se restringe à companhia dos adultos, acaba se desenvolvendo com mais rapidez. Quem sabe se, caso não tivesse eclodido a guerra, ela se tornasse uma grande escritora apenas na faixa dos 30? Dadas as circunstâncias, o processo se efetuou mais rapidamente, também no que se refere ao amadurecimento do talento de escritora. Principalmente se você leva em conta a idade dela, escreve divinamente.

— Além disso, falava sem qualquer sotaque e com desenvoltura, ao passo que uma das amigas dela, uma certa Hanneli Goslar, ainda tinha um forte sotaque alemão — digo, com certa malícia.

Hannah ri outra vez.

— Éramos de Berlim, e é evidente que em casa falávamos alemão, ao contrário da família Frank. A minha mãe sabia holandês bastante bem, o meu pai, menos. Era ótima em idiomas, até mesmo em grego e latim.

— Já a minha nasceu na parte francófona de Bruxelas — digo —, mas se mudou para a Holanda, então neutra durante a Primeira Guerra Mundial, para estar em segurança. Foi onde conheceu papai, *und von Spass kommt Ernst und der Ernst Bin Ich**. Em idade avançada, ainda falava com sotaque belga.

— Aliás, é verdade que a Anne gostava muito de ir ao cinema?

— Disso eu não sei. Sei é que de estrelas de cinema pelo menos ela gostava, ao contrário de mim, de maneira que nunca tive uma coleção de fotos como a que ela tinha na parede do esconderijo. Um dos filmes que mais me impressionaram naquela época se chamava *Do mundo nada se leva*, que tratava da inutilidade do dinheiro no lado de lá, quando se morre rico. Mamãe às vezes me levava ao Cineac, onde passavam regularmente filmes infantis. Não sei nem se a Anne ia, nem com que frequência, caso fosse. Os filmes com a Shirley Temple, desses sim nós duas gostávamos.

Pode ser que seja distorção profissional, um interesse acima da média por jogos ou apenas para precisar melhor a imagem da nossa infância, mas o fato é que sou vencido pela curiosidade, e pergunto quais jogos Hannah e Anne jogavam juntas. Se é que jogavam.

---

* "Ao prazer se segue a seriedade, e a seriedade sou eu", em alemão no original. (N. do T.)

— Claro que nós jogávamos! Banco Imobiliário e Ludo. Mas principalmente Banco Imobiliário, que nós não só adorávamos, como também jogávamos com frequência.

Logo falaremos sobre o passado; primeiro jogamos um pouco o jogo que trouxe comigo. Terminado o jogo, decidimos passear pela cidade. Nas proximidades de um moinho de vento, acabamos indo parar no meio de uma excursão escolar de crianças de séries primárias. Os meninos e as meninas têm saúde para dar e vender; talvez tenham até energia demais para uma só criatura, gritando, pulando e correndo uns com os outros.

Temos de tomar cuidado especial para não sermos pisoteados pela meninada.

Uma sensação divina!

PARTE II

O REFÚGIO — AOS 14 ANOS

A palavra "refúgio", entendida como "viver escondido", ainda não existia para nós; dizíamos "esconderijo" e "esconder-se para não ter de ir para 'os campos'". Sabíamos tão pouco quanto o resto da população que tais campos eram na verdade *Vernichtungslager*, campos de extermínio. Os alemães se referiam a eles como campos de trabalho.

Aos judeus foram impostas restrições de toda espécie. Particularmente na área financeira, as coisas não iam nada bem. É por isso que, no fundo, não ofereciam grande resistência ao serem levados aos tais campos de trabalho. Lá, pelo menos, teriam o que comer e beber. Muitos judeus pensaram inicialmente que seria uma solução para fugir da fome e evitar doenças. Essa terrível má interpretação deve ter estado na raiz da morte de cerca de oitenta por cento dos judeus holandeses.

A *Grüne Polizei* ou Polícia Verde, a polícia de vigilância alemã encarregada dos assuntos de ordem cotidiana, dispunha dos endereços de praticamente todos os judeus em Amsterdã suscetíveis a serem enviados aos campos de trabalho. No momento em que os meus pais, minha irmã e eu íamos ser apanhados, meus pais perguntaram ao nosso vizinho se poderia me receber em sua casa. Ele próprio era judeu, e foi informado pelos meus pais sobre a gravidade da situação. A partir de cerca das sete horas, estive na casa dele, onde tudo parecia em ordem. Até que ouvimos a Polícia Verde, reputada pela sobriedade e pela inclemência ao apanhar os judeus, entrar na nossa casa. Eu estava com o coração na garganta, e fui me esconder o mais rápido que pude debaixo de uma cama. Dali, naquela posição, era capaz de ouvir as botas dos alemães indo de um lado para o outro, à nossa procura. Não tinha a menor ideia de onde estariam os meus pais naquele momento; só me restava esperar que tivessem conseguido encontrar um lugar seguro.

Somente muito depois de os alemães terem partido foi que saí de debaixo da cama. Devia estar pálido. Com os sentidos anestesiados pela tensão, permaneci um tempo no quarto, até que viessem me apresentar a um amigo do vizinho. Tratava-se de um homem de quem eu hoje pouco me lembro, com exceção do fato de que trabalhava na fábrica de caramelos Rademakers Haagse Hopjes. É o tipo de informação que marca uma criança.

O vizinho lhe perguntou, com as mãos apoiadas em meus ombros: "Você não está disposto a abrigar este jovenzinho na sua casa?" É possível que o nosso vizinho estivesse relutante em aceitar o risco de ser apanhado por haver dado refúgio a judeus, ou, analisando a situação, chegasse à conclusão de que não seria correto que eu me refugiasse na sua casa. Jamais saberei. Assim como jamais saberei o número exato da casa na rua Ijsel, o endereço em que provisoriamente me abrigaram. Não cheguei a ficar nem três horas na casa do nosso vizinho, mas foram as piores e mais decisivas horas da minha vida. Ao cabo delas, acompanhei o produtor de caramelos à sua casa.

Permaneci escondido com ele durante um mês, período em que não cheguei a ver os meus pais e irmã. Até que uma visita se anunciou. Tratava-se de um homem com quem eu, para o meu grande espanto, devia travar conhecimento. Disse-lhe o meu nome, mas logo emendei: "Ou melhor, Maurice Coster", ao que ele, com um tom seco, respondeu: "Sei. Maurice. E você pode me chamar de 'titio Jan'."

Acompanhado pelo tio Jan, fui de trem a Apeldoorn e dali de ônibus até Vaassen, onde vivia o pastor Van Deelen, que me tranquilizou e me deixou muito à vontade. Era da Igreja Reformada Holandesa, levava o ofício muito a sério e tinha 12 filhos. Ordenou ao primogênito que me levasse a um outro endereço. Primeiro comemos algo e, depois, fomos andando na direção leste, rumo a Deventer, onde nos dirigimos a uma propriedade rural chamada Wulfte (estabelecida no ano de 1771, a fazenda continua lá, ostentando as cifras em ferro da data na fachada). Era a morada da família Zweers, que já tinha sido notificada da minha vinda.

Esperavam-me tempos excepcionais, em que eu tentaria abafar tanto quanto possível as minhas preocupações em relação ao futuro e à carência de uma juventude despreocupada, sem guerras, sem medo de ser delatado. Não foi tão difícil, pois eu estava num ambiente inteiramente novo. Menino nascido e crescido em cidade grande, não me saciava de olhar para as vacas, as ovelhas, os leitões e a horta tão bonita que tinham — elementos interessantíssimos para um menino da minha idade.

Entre outras coisas, comíamos um mingau feito com farinha de trigo, dobradinha de porco e uvas passas, grandes novidades culinárias para mim. O mingau era consistente, se podia cortar em fatias e se servia frio. Sujeitavam-me a uma dieta rica em calorias e gordura, sobretudo no início. A fazendeira, ela própria rechonchuda e com saúde para dar e vender, pelo visto me achava magricelo demais. Quando eu acabava de passar manteiga no pão, a mulher ainda aplicava mais duas demãos generosas sobre a primeira camada. Mas o meu corpo revelou não estar preparado para processar tanta gordura, porque, num piscar de olhos, a minha pele se encheu de espinhas.

Passei três meses na fazenda Wulfte. Como qualquer judeu ameaçado, era preciso que eu me mantivesse sossegado onde estava. Sentia saudades dos meus pais e de Amsterdã, a cidade que me era familiar, mas a vida na fazenda era tão agradável que às vezes me esquecia completamente de tanta miséria.

A razão que me fez abandonar a velha fazenda foi o fato de terem começado a comentar sobre mim. De alguma maneira inexplicável, descobriram que um menino judeu lá se abrigava. Não era inconcebível pensar que os boatos se atribuíssem a uma certa dose de inveja. Afinal, a família Zweers recebia um pequeno auxílio financeiro pelos seus esforços. Aumento repentino de renda atrai muitas vezes olhares atravessados. Mas se esse era o caso, ou então o de pessoas erradas terem ficado sabendo da minha situação, jamais saberei. Fosse como fosse, havia perigo rondando por lá. Menos mal que tenha sido deslocado a tempo, porque, quando a pobreza assumiu contornos de indignidade, não era incomum que os judeus fossem entregues aos alemães em troca de dinheiro.

Isso se deu porque, em 1943, as deportações dos judeus registraram certa estagnação. Assim sendo, os ocupadores alemães logo começaram a oferecer recompensas por cada judeu delatado e entregue. Foram empregados primeiro trinta, depois cinquenta colaboradores especialmente para essa caça aos judeus. Que tipo de pessoas era? Gente normal, holandeses socialmente fracassados, frequentemente desempregados que, por ganância, se prontificavam a delatar os seus compatriotas. Como se por honra tivessem de acatar as ordens do governo, essas pessoas atravessavam o país de maneira decidida e calculada, de um lado a outro, detendo homens, mulheres e crianças de 2 ou 3 anos. Esses agentes seguiram o rastro de 8, talvez 9 mil, vítimas até encontrá-las, e elas depois eram enviadas aos campos de extermínio a partir de núcleos tais como o Teatro Nacional, em Amsterdã, ou o campo de Westerbork.

O que valia uma vida humana? Quanto dinheiro rendia cada judeu delatado? No início, não mais de sete florins e meio — trinta euros na conversão de hoje. Acontecia também de os judeus delatados não serem presos, mas exterminados *ad locum*.

Era mais que imperioso, por conta dos boatos, que eu mudasse de casa o mais rápido possível. A minha partida do seio da família Zweers, porém, não representou para mim nenhum retrocesso. Muito pelo contrário.

Fui instalado no lar de um casal, os Van Beek, onde ficaria até a libertação — no meu caso até o dia 17 de abril de 1945. Os Van Beek não tinham filhos e pareceram contentes com a vinda desse filho "já todo pronto" que, além do mais, era também obediente. Estava com 14 anos e revelei ser um rapaz bem-educado. Barend van Beek era o diretor da escola primária cristã local. Eu era como um filho para ele e eu o considerava, por minha vez, como um pai. Com ele saía para patinar no gelo durante o inverno. Uma vez por semana era levado para jogar xadrez com o Chris van Deelen, um rapaz da minha idade e que, como eu, não vinha de uma família de camponeses e também frequentava a escola.

Eu podia frequentar a escola porque o meu pai não preenchera anos antes o formulário obrigatório sobre a origem dos meus avós. Estava claro que quem o ocupador alemão tinha na mira eram os judeus, mesmo se nós, principalmente no começo, ainda não nos tivéssemos dado conta disso na Holanda. Não queríamos nos dar conta. Hitler já estava desde 1933 no poder, e a destruição brutal de casas e negócios dos judeus em Berlim acontecera em 1938 — durante a chamada *Kristalnacht*, Noite de Cristais. Desde 1939, a expulsão de judeus da Alemanha era fato consumado. Apesar da política antissemítica dos alemães, muitas pessoas simplesmente preenchiam o tal formulário.

O fato de meu pai não tê-lo feito teria sido um ato de protesto? Ou será que ele havia simplesmente se esquecido? Ou por preguiça, medo? Temo que nunca saberei.

O funcionário a quem coube processar o formulário não preenchido interpretou-o como se eu tivesse dois avós não judeus e dois judeus, em vez dos quatro judeus que eu tinha na realidade. Como resultado, não se registrou a letra jota ao lado do meu nome na carteira de identidade. Ou seja, um funcionário anônimo, por alguma razão inexplicável, mudou radicalmente o curso da minha vida, ou talvez tenha salvado.

* * *

O ensino religioso na escola secundária de Apeldoorn era de caráter cristão. Eu não sabia absolutamente nada sobre o cristianismo. Praticamente desconhecia o Novo Testamento. Felizmente recebia ajuda de Barend. Antes de cada refeição — em geral o almoço —, ele lia um capítulo da Bíblia. Assim me inteirei de pelo menos alguma coisa. Anteriormente, não havia sido educado dentro da religião, apesar de ter me tornado Bar Mitzvá no começo da guerra, como disse antes.

Os meus pais pagavam semanalmente aos Van Beek por volta de 65 florins. Não tenho ideia se esse era um valor razoável ou não. Pessoalmente, acho que teriam recebido um refugiado em casa mesmo em troca de nada, tratando-o igualmente como se fosse filho do próprio sangue.

A minha mãe, no início da minha estada, me visitava pelo menos uma vez ao mês na casa da família Van Deelen. Dessa maneira eu me tranquilizava: sabia que estava viva, que me amava e que, tanto quanto possível em tais circunstâncias, passava bem. Não tinha aparência de judia e, por isso, podia transitar mais facilmente. Jamais consegui descobrir se na época constava um jota diante do seu nome no documento de identidade ou se ela estava em posse de um documento falso.

Encontrei o nome que adotei como refugiado num livro cujo protagonista se chamava Theo. O sobrenome dos Van Beek eu praticamente não usava, preferia manter o meu próprio, o Coster.

Ninguém na escola de ensino secundário em Apeldoorn, salvo o reitor, sabia quem eu realmente era. Era tudo muito bem-feito, porque o filho do cabo da NSB* local, o movimento nazista holandês durante a Segunda Guerra Mundial, era da minha turma.

Ia até Apeldoorn pedalando. Costumava haver pontos de controle no caminho até a escola, e, caso eu fosse parado para que me identificassem, o meu documento de identidade não me criava qualquer problema, pois nele não constava nenhum jota diante do nome. Quando era esse o caso, explicava à polícia que era um sobrinho do professor Van Beek.

Por mais cordial que se mostrasse o sr. Van Beek, só parecia mesmo ter trato social com companheiros de trabalho. De vez em quando, fazia visitas ao diretor de uma escola primária católica chamado Akkerman e ao diretor da instituição de ensino básico MULO**, agora já abolido, o sr. Douma. Eu o acompanhava para passar um tempo com outras crianças. Foi assim que conheci Paul, Bo (um menino) e Ted (uma menina), os três aproximadamente da minha idade. Com eles eu me aventurava fora de casa e acabava conhecendo outras crianças. As sobrinhas dos Van Beek iam de vez em quando a Vaassen. Suponho que devo a minha infância relativamente despreocupada a essas amizades. Sempre aprendia algo com elas.

---

* Movimento Nacional-socialista dos Países Baixos. (N. do T.)

** *MULO*, em holandês, antigo e menos exigente tipo de ensino intermediário. (N. do T.)

Um exemplo foram os rapazes que eu via brincar com uns planadores construídos por eles. Tentei memorizar ao máximo a aparência dos aviõezinhos, mas, quando cheguei em casa, descobri que não sabia de que material eles haviam sido feitos. Em vez de utilizar pau-de-balsa para as peças do suporte, usei madeira de carvalho e de faia. Em vez de papel oleado ou parafinado, para sustentar a armação, preferi fios de algodão. Orgulhoso com o fruto de tantas horas entre serrar, colar ou retesar fios, eu me dirigi então ao local onde estavam os meninos. Foram todos muito corretos em elogiar a beleza do meu avião feito à mão, mas me advertiram de que ele não aguentaria muito tempo no ar. Tinham razão.

O nosso trio — o Bo, a Ted e eu — frequentava de vez em quando a piscina na propriedade de um fazendeiro. O homem havia escavado parte da superfície do prado para assim instalar uma piscina ao ar livre, com uma cascata de água circulante que ia se purificando automaticamente.

O rapazinho que eu era pouco sentia das tensões em relação aos judeus. As circuncisões, evidentemente, deviam permanecer ocultas. Competições do tipo quem urina mais longe — que rapaz nunca participou de algo assim? — se tornavam para mim problemáticas. Durante o período de refúgio, subentende-se que eu não podia me despir diante de outros rapazes, e das moças menos ainda! Nadar seria igualmente uma atividade complexa, não fosse o ato de bondade do tal fazendeiro em dispor cabines-vestiário privadas no local.

No começo do outono de 44, logo após as tropas dos aliados serem bloqueadas às portas da cidade de Haarlem, minha mãe também teve de alojar-se com a família Van Beek. A escola ao lado da nossa casa havia sido confiscada por um grupo de voluntários holandeses que participava da *Waffen-SS*. Ficou logo claro que tínhamos como vizinhos soldados da SS, dos quais alguns vieram se alojar na nossa casa.

O *Untersturmführer** que buscou teto em nossa casa tinha uma aparência bastante normal — eu não saberia hoje reconhecê-lo. Era um soldado da SS bastante antipático, que em tudo fazia sentir o seu desprezo por nós. Aos seus olhos, não passávamos de uns incultos, que não sabiam que "a Alemanha está acima de tudo"**.

Outro soldado da SS, um voluntário alemão, veio com ele. O homem se chamava Hendriks. Era um tipo brincalhão. Com os cabelos entre loiros e castanhos, tinha a aparência de um holandês típico. Contrariamente aos seus camaradas, previa que a Alemanha acabaria perdendo a guerra. Eu até que gostava dele, apesar da ardileza que lhe exalava por cada poro.

Assim que esses dois sujeitos vieram viver conosco, não tive como escapar de ter de me referir à mamãe como "titia". Quando o fazia, nem refletia se me custava muito ou não: eu o fazia, e fim de conversa. Era indispensável, se eu quisesse continuar vivo. Para alguém que nunca viveu uma guerra, é bastante difícil imaginar a situação. No entanto, quem nunca brincou na infância de fingir ser outra pessoa, com amiguinhos e amiguinhas, e eles também na pele de outros personagens? O que fazíamos era na verdade uma grande encenação

---

* Patente paramilitar nazista da *Schutztafel* (Tropa de Proteção, abreviada a SS). (N. do T.)

** "*Deutschland über alles*", verso do hino nacional alemão. (N. do T.)

— só que, dessa vez, na vida real. Uma encenação da qual dependiam nossas vidas.

A casa da família Van Beek dispunha de três dormitórios e um estúdio. O *Untersturmführer* foi posto no estúdio, que tinha uma saleta contígua usada como dormitório. Hendriks dormia no térreo, mais especificamente na copa. O quarto em que eu tinha estado até então teve de ser cedido à mamãe. A mim, me colocaram no quarto dos meus "anfitriões".

Durante a guerra, desde o momento que encontrei abrigo em Vaassen, não vi o papai nem uma única vez. O esconderijo dele se encontrava numa localidade chamada Hattem. Tinha mais cara de judeu que eu ou a mamãe, e era imperativo que não se deixasse ver. Era preciso que se mantivesse num regime que costumávamos chamar de "cela", ou seja, não podia tirar o nariz para fora de casa.

Foi Hendriks quem me levou certa vez ao tal canal em Apeldoorn para pescar fazendo uso de granadas de mão. Desnecessário dizer que jamais me senti à vontade na companhia dos soldados da SS, mas estar em contato com uma tal figura do submundo exercia um estranho fascínio sobre mim. Ninguém em casa criou dificuldades para o contato que tínhamos; mesmo que quisessem, não tinham muito o que fazer. Era em proveito de todos que o mantivéssemos como amigo. Além disso, fazia grande diferença o fato de Hendriks estar convencido de que a guerra para os alemães era uma causa perdida.

Ninguém nas imediações tinha eletricidade durante aquele período nem, pelo que eu soubesse, aparelhos de rádio.

— Se vocês arranjarem um rádio, cuido da eletricidade. Assim nós podemos acompanhar a BBC.

Isso foi, como se ficou sabendo, pouco antes da libertação. Uma ou duas semanas após os alemães terem detido as tropas dos Aliados na região de Arnhem, pelo final de setembro de 1944.

Os dois soldados da SS ficaram duas semanas conosco. Depois disso, retomaram a sua jornada, e eu pensei que assim desapareciam da minha vida.

É claro que havia também a resistência clandestina. De certa maneira, tive durante a guerra contato direto com integrantes dela: o pastor Van Deelen indubitavelmente fazia parte do grupo de resistência da área em que vivia. É certo que jamais praticou qualquer ato de resistência armada. Não colocava bombas em nenhum lugar nem montava emboscadas de qualquer espécie; a sua incumbência era a de organizar operações arriscadas, como alocar judeus em certas fazendas. Não que estivéssemos a par, nem implícita nem explicitamente, mas me parecia ingênuo acreditar que fôssemos os únicos judeus em esconderijos.

Eu próprio não passei por tais privações durante a guerra, e talvez seja por isso que nunca tivesse parado para pensar nos horrores e no caráter sinistro que ela representava para muitos. Quando se está vivendo a situação, não se tem a menor ideia do quanto a guerra vá durar, sobretudo na infância, em que é mais fácil adaptar-se a uma situação, por mais divergente que seja.

No decorrer da guerra foi ficando inteiramente manifesto que os alemães imporiam condições ainda mais restritivas.

Não se podia fazer muito mais que viver o presente, pois sabíamos que as coisas só poderiam piorar. É verdade que ouvíamos de vez em quando uma ou outra notícia menos nefasta; até mesmo panfletos do "*De vliegende Hollander*" ("Holandês voador") passavam pelas nossas mãos, mas, em linhas gerais, as notícias eram escassas. Os tempos, extremamente incertos.

"*De vliegende Hollander*" era distribuído pelos Aliados por via aérea. Às vezes, andando de bicicleta, eu via panfletos chovendo pelos ares. Pedalava então com mais força a fim de chegar a tempo de pegar um, sem pensar por um segundo no perigo que estaria correndo: os invasores alemães que não me apanhassem com propaganda dos Aliados em mãos! Passado certo tempo, já tinha uma coleção, que doei, após a guerra, ao Instituto Holandês de Documentação da Guerra.

Apesar do poder que o invasor alemão exercia, jamais acreditei realmente que a Holanda se germanizaria. Jovens que éramos, achávamos que os alemães estavam redondamente enganados. Pelo visto, não haviam entendido que, a partir do momento que os EUA interviessem, perderiam a causa. Desconheciam a capacidade de produção de material bélico nos EUA, pois achavam simplesmente inconcebível. Um exemplo dessa produção era o fabricante de armas e munições Remington, que dizia, "Muito bem, rapazes, a partir de agora vamos produzir uma senhora quantidade de munição", ou ainda, a Ford: "Concordamos que os carros são uma beleza, mas o momento exige que vocês produzam tanques de guerra." Dos americanos podemos dizer que trabalharam realmente com extrema diligência.

Notícias que fiquei sabendo, naturalmente, *a posteriori*, mas que, pelo menos em teoria, deveriam ter deixado evidente para os alemães a capacidade que os Aliados possuíam do outro lado do Atlântico. Não era possível que não tivessem os seus espiões nos EUA.

Os alemães também subestimaram a frente leste de guerra. Adentravam cada vez mais em território russo, até encalharem às portas de Moscou, onde deram meia-volta.

Não tínhamos a menor ideia do que acontecia na frente leste. Em primeiro lugar por ser demasiadamente vasta a área em que se travavam os combates. Em segundo, porque não conhecíamos a que extensões os russos queriam chegar. Suponho hoje que sobre-estimamos a capacidade bélica dos russos; esperávamos, ansiosos e com demasiada frequência, notícias da gloriosa vitória da Rússia. Mas a realidade foi outra. O ponto realmente em seu favor era a enorme extensão territorial do país, pois podiam se retrair quanto quisessem, de maneira que os alemães se viam obrigados a manter uma região vastíssima ocupada. Foi um dos fatores que colaborou para a sua derrota: simplesmente não tinham soldados suficientes para ocupar integralmente a região, ainda que as populações locais não lhes oferecessem resistência. Por conta das rigorosas geadas do inverno de 1941, mortalmente extenuantes, seguir avançando deixou de ser uma alternativa para os alemães, assim como empreender o longo regresso. No intervalo de 18 meses, mais de 830 mil militares alemães sucumbiram.

Em geral, os alemães não procuravam se aproximar do povo holandês, pelo menos não com boas intenções. De qualquer maneira, eu mesmo nunca conversei com eles descompromissadamente. Se via na rua um grupo de soldados alemães, preferia entrar na primeira ruela que encontrasse. Havia um grupo deles vivendo no castelo Kannenburg de Vaassen. Não me lembro mais de ter visto patrulhas, mas sim do "toque de recolher" do relógio noturno, ainda que os detalhes me escapem.

Logo no início da guerra, a escassez de comida se tornou um problema nas grandes cidades. Sobretudo para quem se encontrava em esconderijos, comer o suficiente diariamente era uma questão aflitiva. No campo havia mais possibilidades de conseguir comida. Vários eram os que conheciam algum fazendeiro que podia prescindir de algo.

O senhor Van Beek, na qualidade de docente, mantinha boas relações com os fazendeiros do vilarejo. Fome propriamente dita eu nunca passei, porque, quando nos faltava algum mantimento, me mandavam "visitar um fazendeiro" a fim de conseguir, por exemplo, batatas ou os ingredientes necessários à preparação do pão de centeio, que comíamos quase sempre. No moinho, moíam para nós a farinha. Na falta de farinha, comíamos mingau de centeio. Comida saudável, mas que às vezes se tornava repetitiva. Outra coisa que comíamos muito eram as frutas que cresciam na horta do professor: cerejas, groselhas, ameixas, uvas silvestres verdes e roxas, maçãs-reinetas e peras. Carência de vitaminas, é possível perceber, não era um problema.

O que constituía de fato um problema eram os pneus das bicicletas. Uma vez gastos todos os estepes, me vi forçado a reforçar os aros da bicicleta com auxílio de uma mangueira de jardim. Pedalar dessa maneira se tornava menos árduo. Ainda era dificultoso, claro, mas havia uma vantagem: a borracha da mangueira era tão espessa que não furava. Além disso, as distâncias que eu tinha de percorrer não eram exatamente longas. Dez quilômetros no máximo.

Em Amsterdã, as bicicletas estavam sendo confiscadas. Inicialmente, só as dos judeus; mais adiante, porém, decretou-se que todas as bicicletas deveriam ser entregues aos invasores.

Numa cidade grande, de qualquer maneira, era mais premente a ameaça dos alemães. A opressão que os nazistas exerciam era bem mais palpável. Um exemplo eram os bombardeios. Não por parte dos alemães, como muitos acreditaram na época, mas sim das tropas aliadas. Os próprios alemães não chegaram a bombardear a Holanda — pelo menos não após o bombardeio de Roterdã no dia 14 de maio de 1940, que devastou o coração da cidade.

Que Deus seja louvado por eu nunca ter tido de presenciar um bombardeio. Não era necessária muita imaginação para entender que a ferraria de Vaassen poderia ser um alvo estratégico, mas, pelo que sei, jamais foi bombardeada. A única coisa que chovia dos céus de vez em quando era um ou outro avião abatido. De casa conseguíamos ver a olho nu as batalhas travadas no ar, como no caso de um Messerschmitt e um Spitfire disparando um contra o outro.

Uma única vez fui ver de perto um avião espatifado. Tratava-se de um bombardeiro, provavelmente um Liberator B24, caído sobre um terreno de pastagem. Não havia ninguém dentro dele. Pelo visto, os ocupantes haviam escapado. Provavemente tinha feito um pouso de emergência, mas não tinha pegado fogo. Ali se encontrava a carcaça abandonada. Pensei no que fazer. Vasculhei por todos os lados e não encontrei nada de importante ou valioso. Acabei levando um cartucho de bala de metralhadora ainda intacto. Chegando em casa, fiquei sem saber o que fazer com ele. Levei-o numa bolsinha de plástico à escola, cujos recônditos eu conhecia bem, e o escondi num desvão da parede.

Os soldados da SS apareciam vez ou outra para inspecionar o edifício da escola, mas nunca encontraram o cartucho de balas.

INTERCAMBIANDO PRISIONEIROS

Sentado no apartamento ensolarado de Hannah em Jerusalém, conto sobre a minha experiência durante a guerra, o refúgio, a família Van Beek e a vida no campo.

— Só posso concluir que as minhas vivências não foram das piores. Algumas experiências, pelo contrário, até que foram bastante agradáveis. — Até hoje sinto certo escrúpulo em dizer isso. — Mas e você, qual é a sua história?

— Desagradável — conta Hannah, desatando a rir. Pergunto-lhe se teve de passar algum tempo na clandestinidade. Parece-me lógico pensar que praticamente todos os que corriam o risco de ser deportados pensassem em buscar um esconderijo, se é que já não estavam ou estariam em algum, mesmo que apenas por alguns dias.

— Não, nunca — responde Hannah. Pouco à vontade, baixa o olhar quando lhe pergunto se alguma vez chegou a "ser pega". Uma expressão que ao ouvido treinado soa rude ocorreu-me em seguida. Mas pelo fato de tanto ela como eu morarmos há décadas em Israel nossa conversa se dar em três idiomas — hebraico, holandês e, de vez em quando, alguma frase solta em alemão —, nem ela nem eu nos incomodamos com o registro.

— Eu tenho uma irmã 12 anos mais nova — graças a Deus ainda está conosco —, nascida no mês de outubro de 1940. Mamãe sempre sonhou em ter uma família grande, e em 1942 deu à luz o terceiro filho.

Hannah supõe ter sido comum na época os alemães pouparem da deportação as gestantes, que dessa maneira podiam permanecer em casa com a família.

— Simpáticos, não? Isso nos salvou em 1942. Continuamos na casa perto da Zuider Amstellaan, porque ninguém precisava se esconder se estivesse na companhia de uma mulher grávida. Algumas pessoas arriscaram, mas, no nosso caso, foi melhor mesmo que a minha mãe não tivesse seguido o exemplo das demais, porque as coisas para nós foram de mal a pior. Nem a mamãe nem o bebê sobreviveram ao parto. Apesar de termos uma obstetra judia, naquele 27 de outubro tudo saiu mal. Aliás, o bebê era um menino.

Além de ter sido poupada por conta da gravidez, foi concedida à família de Hannah uma outra isenção, talvez a mais decisiva de todas, que mantinham como um trunfo na manga. A partir de 1942, quem desejasse se confinar em casa recebia o assim chamado *Sperr*, um carimbo em que constava a renúncia ao uso de transportes públicos — pelo menos no início. Os recipientes de tais carimbos eram na maioria judeus que pudessem ser de alguma utilidade para os alemães: mulheres que pudessem costurar uniformes em casa eram um dos exemplos mais comuns. Podiam solicitar o carimbo, ainda que a sua concessão fosse incerta. Tudo era incerto então.

— Papai não era do tipo de homem que sabia costurar uniformes, mas conseguimos o carimbo mesmo assim. Caso contrário, não estaria agora sentada aqui na sua frente — conta Hannah. — O nosso *Sperr* se deveu a duas razões fundamentais. A primeira era que tínhamos passaportes paraguaios. A história era a seguinte: nós passávamos por uma família de judeus alemães exilados. Chegamos à Holanda depois de passar pela Inglaterra, onde o papai não conseguiu se empregar por causa do dia do sabá, ainda que tivesse sido aceito para um trabalho interessante e bem remunerado. Depois de chegar à Holanda, não conseguiu mais renovar o passaporte. Aliás, o papai era vice-ministro de Assuntos Interiores e chefe de imprensa do gabinete prussiano em Berlim. Foi quando recebemos um documento oficial no qual constava que éramos "apátridas". Felizmente um tio nosso, na Suíça, conseguiu comprar passaportes falsos no consulado de um país sul-americano. Ele nos deu passaportes paraguaios. Os alemães sabiam perfeitamente que não tínhamos nada a ver com o Paraguai. O que eles queriam, na verdade, era mais um trunfo de que pudessem vir a lançar mão: um grupo pequeno, de talvez uns 4 mil judeus, que pudessem intercambiar por alemães feitos prisioneiros de guerra pelos ingleses.

"A segunda razão por termos recebido o carimbo também tinha a ver com esse intercâmbio. Havia na Suíça certas negociações entre a Alemanha e a Inglaterra. Foi onde se chegou ao acordo em relação aos chamados 'Certificados da Palestina', destinados apenas a pessoas com familiares na Palestina que, por causa da guerra, não sabiam mais para que lado correr na Holanda. Os tais certificados autorizavam o domicílio na Palestina. Os alemães os concediam em troca de alguns compatriotas presos em territórios palestinos. O papai solicitou esse certificado. Apesar de não termos quaisquer laços com a Palestina, ele não só era um dos mais altos funcionários do governo alemão — até que Hitler subisse ao poder, claro —, como também presidente da congregação judia. Ele sistematicamente cruzava a Alemanha para dar palestras sobre a situação da Palestina. Como se não bastasse, ainda desempenhava um papel crucial no jornalismo e, nessa qualidade, podia escrever sobre a Palestina o quanto e o que quisesse, tanto em jornais alemães quanto judaicos."

— Ele tinha estado lá antes? — pergunto.

— Não, nunca. O meu avô, sim. Fazia a mesma coisa que o papai. Dando palestras e coisas afins, sabe? Era advogado criminalista.

A questão dos papéis, dos carimbos e de todo tipo de truques e listas funcionou até o dia 20 de junho de 1943. Na madrugada desse dia, aconteceu uma grande incursão no eixo de Amsterdã-Zuid. Hannah foi transportada a Westerbork com a irmã menor e o pai, que não chegaria a sobreviver ao campo.

Adoraria fazer ainda uma porção de perguntas a Hannah, mas já ultrapassei o meu tempo, e está mesmo na hora de ir. Hannah foi a única a falar com Anne Frank no campo de Westerbork. Espero, por isso, poder voltar ao tema outra hora.

Despedimo-nos sob o sol ardente da terra de Israel. Durante o trajeto, pouco converso com a cineasta. Nos meus pensamentos desfilam memórias dos tempos de escola e da minha infância em Amsterdã-Zuid. Pouco a pouco vou me conscientizando das dimensões do trabalho a que me propus. Não só voltarei a abrir uma página do terrível livro negro da História como também terei de pedir a certas pessoas, que já não vejo há anos, que façam o mesmo.

O RELÓGIO DE NANETTE

Passadas algumas semanas, parto para a Holanda do aeroporto de Tel Aviv. Por não ter domicílio em Amsterdã e não querer importunar os meus conhecidos nem a minha irmã com uma visita inesperada, decido me alojar no Amstelhotel.

Pareceu-nos tanto à Ora quanto a mim uma boa ideia procurar reunir os antigos colegas de turma para uma discussão em grupo. Mais adiante, na mesma semana, poderíamos então fazer pequenas excursões — a cineasta considera certas localidades essenciais à produção do filme — a lugares de relevada importância, não somente para nós, mas também para Anne Frank. Desnecessário dizer que sua casa figura no topo da lista, mas eu me proponho a ir visitar igualmente o liceu onde cursamos o ensino primário. Possivelmente iremos a Westerbork. Quem quiser que nos acompanhe. Seja como for, uma semana repleta de reencontros.

Desfruto do luxo elegante do Amstelhotel, mas Nanette Blitz Konig prefere se alojar no Hilton, o seu hotel predileto em Amsterdã. Para a minha grande surpresa, quando lhe contei pelo Skype sobre os meus planos, Nanette disse achar importante participar. Atravessou o oceano, de São Paulo a Amsterdã.

* * *

Combinei de me encontrar com Nanette numa viela de Amsterdã-Zuid, um bairro residencial de pessoas abastadas tanto na infância quanto agora.

Parece-me estranho me reencontrar com Nanette. Conheço a sua fisionomia pelo Skype, mas, ainda assim, não deixa de me impressionar a sua vitalidade e o fato de aparentar ser muito mais jovem do que realmente é. Esbelta, cabelos grisalhos, vestida com elegância em roupas de corte perfeito e tecidos caros. (Mais adiante, fico sabendo por ela que tem o seu próprio estilista e que manda confeccionar tudo sob medida, com desenhos originais feitos por ela mesma.)

Encontramo-nos nos fundos da casa em que viviam os seus pais até que a guerra eclodisse. Eram três irmãos, conta Nanette. Vivia com eles na casa uma enfermeira, porque o irmão menor, nascido em 1932, tinha problemas cardíacos. Chamavam-no de "o bebê azul"; as suas válvulas não se fechavam bem, reduzindo a quantidade de oxigênio que recebia. Logo após o parto, alertaram a mãe de Nanette de que o bebê jamais chegaria à idade adulta, mas ela não poupou esforços a fim de tornar a vida do filho mais suportável. Ele faleceu em novembro de 1936, aos 4 anos.

O segundo irmão era dois anos mais velho que Nanette. "Foi deportado, mas, apesar de toda a minha investigação, não descobri que fim acabou levando", conta. "Pode ter morrido fuzilado, numa câmara de gás, ou sabe-se lá de que outra maneira."

Peço que me fale sobre os seus jovens anos em linhas gerais. Como haviam transcorrido naquela casa?

Ali, diz ter realmente tido uma vida de criança privilegiada. A família Blitz viajava regularmente à Suíça e à Inglaterra, algo incomum naqueles tempos.

— Foram anos de felicidade, no meu entender, exceto, claro, a partir de 1936, ano em que a mamãe foi de uma valentia tão grande quanto a sua tristeza. Nós tínhamos em casa um relógio inglês antigo. Certo dia, a mamãe me leva até ele e diz: "Este relógio só vai para a frente, sem nunca mais voltar." Considero uma afirmação corajosa, assim, diante da filha, para quem acaba de perder uma criança. Eu não sei se ela realmente se sentia assim naquela hora, mas disse o que tinha de dizer, e essas palavras me serviram de muito consolo mais tarde.

O relógio sobreviveu à guerra, e está atualmente em posse de Nanette.

— Eu tinha 7 anos quando o meu irmão menor faleceu. Vieram nos buscar na escola, a mim e ao meu outro irmão. Tenho que dizer que nunca presenciei a mamãe em estado histérico, nem mesmo nesse dia. Ela se mantinha séria e contida, ciente do que tinha para me contar. Ao meu irmão ela disse: "Olhe, se você quiser subir para ver como está o seu irmãozinho, eu deixo." Não me lembro se ele chegou a fazer isso ou não.

"Eu nunca tinha brincado muito com o pequenino por conta da doença dele, de maneira que eu não posso dizer que sentisse a sua falta nas brincadeiras. O mais provável é que eu fosse nova demais para entender o que estava exatamente acontecendo, apesar de saber que se tratava de assunto grave. Imagine o interior de uma residência judaica em que alguém acabou de falecer: os porta-retratos deitados, os espelhos lacrados com fita adesiva. Fiquei impressionadíssima. Era horrível ver a mamãe naquele estado. Depois disso, tanto ela quanto eu adoecemos gravemente.

"Naqueles tempos as mulheres não assistiam aos enterros, então fiquei para trás. A mamãe era do tipo de pessoa que achava que a vida retoma o seu curso, e foi exatamente o que aconteceu. Nós guardamos o luto por seis meses. Passado esse intervalo, o papai declarou que já tínhamos demonstrado suficientemente o nosso pesar e que eles ainda tinham dois filhos por criar e sugeriu que deixássemos de lado a roupa de luto e seguíssemos com as nossas vidas.

"Foi o que a mamãe fez. Mais que isso, ela decidiu aprender a andar de bicicleta, apesar de sempre ter tido pavor. Queria pedalar conosco, o que não fazia antes por causa do bebê doente, que não lhe deixava tempo para mais nada.

"O papai era um homem estudioso. Estava sempre no segundo andar e nos dava a liberdade de ler o que quiséssemos. Se não entendêssemos alguma coisa, era só perguntar a ele, mesmo que depois deixássemos o livro de lado.

"Acho que desfrutei de uma educação bastante moderna: nada lá em casa era proibido, o que me dava muita inspiração."

— A Anne veio alguma vez aqui na sua casa? — pergunto.

— Eu não me lembro de ela ter vindo — responde Nanette. — Quando começamos a frequentar o Liceu Judaico, ainda tínhamos bicicleta, e podíamos utilizar o bonde. Mas isso não tardaria a ter um fim. A partir de junho de 1942, os transportes públicos seriam vedados a nós, os judeus. Voltávamos em grupo para casa por conta das blitze. Como a Anne morava na praça Merwede e eu aqui, íamos em grupos diferentes. Estive, sim, na festa de aniversário dela, pouco antes de termos que nos esconder. Na sala de aula, nos sentávamos relativamente perto uma da outra.

"Não tínhamos nada em comum. Anne era animada e adorava ser o centro das atenções. Eu própria não gostava muito de dar a ela a atenção que exigia. Eu era bem diferente, inclusive fisicamente, mais cheinha, ao passo que ela era mais delicada. Juro que a considerava uma menina das mais normais, em nada diferente das outras. Era impossível imaginar que ela se tornaria tão famosa."

Estou na verdade curioso para saber se Nanette se lembra de eu também ter ido à festa, mas pergunto, em linhas mais gerais, do que ela se lembra exatamente em relação à minha pessoa.

— Sobre você eu não me lembro de muita coisa. Cada um tinha o seu grupinho, mas eu sei que você estava na minha classe. O que acontece é que, nessa idade, eu ainda não me interessava por garotos. Eu ainda me lembro vagamente de como você era. Você tinha cachos, não tinha?

"Do Albert eu ainda me lembro bem. E da Jacqueline van Maarsen, que era uma das melhores, se não a melhor amiga da Anne. Era também grande amiga minha, só que a Anne não podia ficar sabendo, ciumenta como era — Nanette sorri. — Não sei se alguma vez ficou sabendo. A Jacqueline me confessou o sigilo da nossa amizade em relação à Anne, logo que Anne teve que se esconder. Quando depois fui apanhada, mais ou menos um ano depois, em setembro de 1943, a minha detenção significou para Jacqueline a perda da segunda melhor amiga."

DETIDOS

Vamos caminhando até a Van Baerlesstraat, rua em que fica a entrada à casa dos pais de Nanette, que queríamos ver de fora. Nela, Nanette morou 13 anos. A fachada se perdia atrás dos andaimes de uma obra. O tráfego é bastante ruidoso, mas Nanette desata a rir quando lhe pergunto se tanto fluxo e tanto barulho de veículos não a incomodavam no passado.

— Você sabe que uma criança dorme até mesmo com uma banda de som ao lado. O meu irmão mais velho também desenvolveu um profundo interesse por meios de transporte público, particularmente bondes. Ele adorava ficar controlando o horário de chegada. Não só dos que faziam parada na frente de casa, mas dos outros também.

Estamos de costas para o Rijksmuseum e o Stedelijk Museum. Nanette conta que a mãe estava sempre a par das exposições dos museus, às quais costumava levar os filhos. Um privilégio, assinala Nanette.

No andar térreo do prédio funcionava um banco, o Amsterdamse Bank, conta Nanette.

— Mas, durante os bombardeios no início da guerra, serviu de abrigo subterrâneo. Se estou bem lembrada, as ordens eram de que entrássemos nos cofres sempre que houvesse ameaça de bombas.

No fim das contas, Amsterdã acabou sendo poupada, ao contrário do que aconteceu em Roterdã, cujo centro histórico foi devastado pelas fulminantes bombas alemãs, com um peso total de 97 mil quilos, no dia 14 de maio de 1940, entre 13h30 e 13h45. Antes que Utrecht sofresse o mesmo destino um dia depois, a Holanda decidiu assinar a capitulação.

— O papai trabalhava na diretoria do Amsterdamse Bank, na agência principal, localizada no canal da Herengracht. Quando os judeus tiveram que ser despedidos durante a guerra, ele foi poupado, porque ocupava um cargo importante. Mas não demorou muito para que fosse forçado a pedir demissão "pelo bem da empresa". Foi muito complicado para ele, que já trabalhava desde 1914. Desocupado, começou a envelhecer rapidamente: os cabelos ficaram grisalhos, as rugas, cavadas. Emagreceu tanto que ficou cadavérico. A demissão o afetou muito, e não parava de se autorrecriminar.

"Ele era bastante renomado, mesmo internacionalmente, mas nunca chegou a imaginar que a situação se descontrolaria daquela maneira. Por isso nunca tentou despachar a família da Holanda. Aliás, nunca o levei a mal por isso, mesmo porque não sabia o que estava passando na cabeça dele."

Nanette conta ainda que ele não tinha somente a família para sustentar, tinha também os pais e a sogra.

— O papai sempre dizia que mesmo antes da guerra já existia um antissemitismo latente. Uma vez ele me disse: "Eu sou diretor de banco *apesar* de ser judeu." Também é natural que o banco tivesse dinheiro dos judeus.

Nanette diz que pessoalmente na época nunca sofreu nenhum incidente por conta de antissemitismo.

— Pelo menos não que eu me lembre. O que eu sentia pairar no ar, sim, era uma atmosfera de antissemitismo mais geral. A partir do momento em que a guerra eclodiu e o desemprego na Europa aumentou, eram cada vez mais numerosas as vozes que clamavam que os judeus baixassem a crista. Mas quando as perseguições tiveram início, o antissemitismo era fato consumado.

"Como eu expliquei, o papai nunca tentou nos mandar para o exterior antes da guerra. Assim como outros judeus domiciliados na Holanda, ele era um pouco ingênuo. Partiu do pressuposto de que, a exemplo do que aconteceu na Primeira Guerra Mundial, a Holanda permaneceria neutra. E isso apesar de as notícias sobre novas medidas antissemíticas do regime alemão chegarem à Holanda. Mas a comunidade hebraica nunca achou que pudesse ocorrer aqui e, quando pôde constatar o erro, já era tarde demais. Como você bem sabe, a grande maioria dos judeus holandeses não sobreviveu à guerra."

Já faz um bom tempo que estamos na calçada observando a casa. Não parece muito diferente das outras casas do quarteirão. Pergunto a Nanette se ainda lhe vêm certas emoções ou velhas lembranças ao ter diante de si a fachada da sua antiga casa.

Ela respira fundo.

— Pois é, não sei como explicar. Nós recebíamos aqui muitas visitas, até de fora do país. É uma casa dentro da qual eu li e aprendi muito. Tenho ótimas, mas também péssimas recordações. A pior é a lembrança do dia em que os alemães vieram. Alguém esmurrando nossa porta, muito alvoroço e a gente tendo de abandonar a casa. Também jamais me esquecerei do estampido na porta dos fundos — diz Nanette. — Apesar de saber que isso pudesse acontecer um dia, no momento em que aconteceu, foi incrivelmente perturbador. Eu estava deixando para trás toda uma vida em troca de um destino incerto. Saímos da estação ferroviária Amstel com destino a Westerbork.

Nanette olha ao redor, lembrando-se de que a viagem à estação de trem não se deu em tanques — como era comum acontecer durante as batidas —, mas sim em bondes.

— Fomos detidos de manhã bem cedo. Eu tinha 14 anos e estava dormindo. "*Raus, Raus! Schnell!*" (Fora, fora! Rápido!), gritavam eles, dando coronhadas na porta. Nós sabíamos exatamente do que se tratava. Eram policiais alemães, e não holandeses, que muitas vezes também estavam envolvidos nesse tipo de blitz. Na lista deles constavam os nossos nomes, e com a ortografia correta. Fizeram sinais inequívocos de que os seguíssemos.

"Eu tinha metido numa mochila algumas roupas, alguns pulôveres, um par de botas e um casaco. Fomos carimbados, as nossas cabeças, raspadas, e as roupas, tiradas de nós, porque tínhamos ido parar na lista da Palestina por causa do trabalho do papai."

Pergunto se os alemães fizeram uso de violência durante a prisão.

— Não, aliás nem ali, nem depois — responde Nanette.

Levamos o olhar até a porta, pela qual tinha passado sua família ao ser detida. Pergunto-lhe qual foi a reação do seu irmão.

— Ele tinha 13 anos. Ficou calado. Devia estar também traumatizado. Não havia ninguém nas redondezas exceto os alemães, empunhando as armas e prontos para disparar. Nenhum de nós disse nada. Ficamos sabendo posteriormente que a nossa família tinha sido uma das últimas a ser presa. No mês de setembro de 1943, os alemães declararam que a Holanda estava "livre de judeus".

Nanette questiona se a população holandesa não poderia ter feito mais para ajudar os judeus. A percentagem dos holandeses que estavam na resistência era relativamente baixa, observa, e, por melhor que combatessem os alemães, é impossível precisar quão efetiva acabou sendo a resistência. Ainda hoje lhe custa digerir o fato de que cada trem que partia rumo a Westerbork voltasse vazio.

— E, o que é pior, que cada trem que saía de Westerbork com destino a Sobibor também voltasse vazio. — Pergunta-se, olhando para trás, se a postura dos holandeses não tinha sido passiva demais.

— Você acha que hoje em dia seria diferente? — pergunto eu, por minha vez, enquanto somos ultrapassados por ciclistas. — Que essa nova geração é em essência diferente?

— Não, acho que não. Os habitantes atuais de Amsterdã não agiriam de outra forma. Eles teriam medo de ser colocados nos tais trens. Detalhe à parte: em fevereiro de 1941 fizeram uma greve geral em protesto contra as restrições impostas aos judeus. Uma greve que — é bem verdade — foi abafada com o uso de muita violência, o que inquietou ainda mais os judeus. Foi a partir desse momento que começaram a se preocupar seriamente.

Conto a Nanette que a famosa Greve de Fevereiro causou enorme espanto à nossa família, aos amigos e a todos os demais judeus que conhecíamos. Desde gente mais simples de Amsterdã até os funcionários do correio e os empregados das empresas ferroviárias, dos bondes e do porto, todos fizeram greve por conta de algo relacionado a nós, judeus. Jamais teríamos imaginado que algo assim pudesse acontecer, e ficamos agradavelmente surpresos que tais protestos fossem fomentados.

Pergunto-lhe se, aqui, diante da antiga casa da Van Baerlesstraat, sente alguma raiva. Olha-me com firmeza e uma expressão de seriedade no rosto.

— Eu tento me lembrar de tudo o que foi bom e prazeroso. A raiva não resolve problema nenhum. Só há uma maneira de resolver os problemas, analisá-los para ver onde a coisa desandou. É preciso estarmos sempre vigilantes.

O meu documentário, na verdade, não deveria passar de um projeto pessoal, de um passatempo. Uma atividade de lazer que consome muito tempo, mas que é agradável a um homem da minha idade. Infelizmente, Nanette está coberta de razão quando diz que devemos estar sempre vigilantes. É essencial estarmos conscientes da História se não quisermos acabar de novo numa situação em que se refugiar e ser deportado estão na ordem do dia. Dou-me conta de que o documentário vai assumindo a cada dia o caráter mais pronunciado de uma missão.

REUNIÃO NA MERWEDEPLEIN

Três dias depois, chega o tão esperado momento. Reúnem-se todos os antigos companheiros de classe que consegui contatar. Combinamos o encontro na praça Merwede. No táxi, durante a corrida do Amstelhotel até a Região dos Rios, constato que o tempo está cooperando conosco. Faz calor e o sol brilha, de maneira que podemos nos sentar do lado de fora, sobre o exíguo gramado, nas cadeiras de plástico e dobráveis trazidas para tal fim. Ainda que não se trate só do meu testemunho, mas sim do de cada um dos presentes, eu me sinto honrado à vista de todos os que puderam comparecer: Nanette Blitz Konig, Jacqueline Sanders van Maarsen, Lenie Vuyzend e Albert Gomes de Mesquita. Nanette veio do longínquo Brasil; Albert, de

Eindhoven, no sul do país; Jacqueline e Lenie, ambas de Amsterdã, onde vivem. Infelizmente, Hannah Goslar não conseguiu vir de Israel. Fiquei sabendo de antemão, através de Nanette, certos fatos sobre os ex-alunos ali reunidos. Jacqueline, após uma carreira de sucesso como encadernadora, virou escritora. Quando criança, Lenie teve que buscar refúgio no bosque; Albert Gomes de Mesquita foi engenheiro em Eindhoven. Estou tão impaciente para saber mais sobre eles — o que achavam da escola, se e onde tiveram de se esconder, do que se lembram sobre a Anne Frank — que me alegro de poder mais tarde falar com cada um.

Os livros de Jacqueline falam sobre as suas experiências durante a guerra, a amizade com Anne Frank, que a chamava no diário de "Jopie". Além disso, o histórico de Jacqueline é bastante particular e pessoal, como nos contará na sequência. Os seus livros me marcaram profundamente e revelam claramente que nela sempre se ocultou uma escritora. Se fosse eu, estaria com os nervos à flor da pele, mas Jacqueline parece agradavelmente imersa, assim como os demais, nas conversas. Não dá vez aos nervos.

Encontramo-nos no gramado, sentados com as cadeiras em círculo. Ao redor, as fileiras de casas que circunscrevem a praça. Numa delas viveu Anne Frank. Alguém depositou uma coroa de flores em volta do pescoço da estátua de Anne, o que lhe empresta ares de dançarina havaiana, principalmente com o tempo que está fazendo. Reina uma atmosfera de tranquilidade longe do centro caótico da cidade. A temática das conversas: os tempos de outrora, os filhos e os netos.

* * *

Trouxe uma fotografia ampliada da antiga turma para fazer uma introdução. Não da nossa classe, a 1L2 do Liceu Judaico, mas de minha classe do primeiro grau. Tenho a fotografia em meu poder já faz anos, e nenhuma ocasião melhor que a presente para descobrir quem dos fotografados é quem. É possível que os meus antigos colegas reconheçam crianças que em 1937 estiveram comigo na primeira série. Afinal, éramos todos concidadãos. Eu mesmo só reconheço a mim e a senhora De Haan, a professora.

A fotografia começa a ser passada no círculo de mão em mão, começando por Lenie. Tira os óculos e aproxima a foto.

— Vamos ver se eu reconheço você, para início de conversa.

Albert conta que, já com 30 anos de idade, cruzou com um companheiro da primeira série, que lhe disse que ele não havia mudado nada.

— Pelo visto eu ainda estava com cara de criança — zomba, sorrindo.

Os presentes desatam a rir. Demoro para entender a que se refere o comentário. O Albert de antes era o mesmo de agora. Tinha os mesmos olhos vigilantes, inteligentes, os mesmos traços fisionômicos, pelo visto resistindo à roda dentada do tempo.

Com o indicador mostro a Lenie quem sou eu.

— Que estranho! — diz. — Eu não teria reconhecido você, apesar de ainda ter na memória a sua aparência na época em que você e eu éramos da mesma turma. O seu lugar era numa das fileiras do meio. Eu e a Nanny ficávamos perto da porta.

A minha memória não é tão afiada. Eu me pergunto se teria reconhecido Lenie caso não soubesse quem era. Agora que a vejo me lembro bem — mas, claro, é sempre assim que acontece. Os cabelos negros ondulados poderiam ter dado uma pista, talvez os óculos também. Quantas mulheres de cabelos negros e óculos eu terei conhecido durante a vida?

Albert trouxe um retrato antigo de si próprio, que mostra ao grupo. Lenie comenta que também se lembrava dele com outra aparência.

— Para que vocês vejam como a memória distorce os fatos. Principalmente quando ela se reporta a tempos remotos.

Jacqueline também trouxe algo muito especial: o seu antigo caderno de poesias.

— Aqui estamos os que sobraram do grupo — diz ela —, mas aí nessa foto estamos todos, integralmente. É isso o que eu queria mostrar. A Anne cita no diário todas as meninas da classe dela, entre as quais a Ilse Wagner e...

— Eu espero não decepcionar ninguém, mas eu era apaixonado por ela — interrompe Albert. Rimos todos. — Claro que nessa idade não passava de paixonite aguda...

— Ela era mesmo uma graça — reconhece Jacqueline. — Eu também a adorava.

Lê o dia exato em que Ilse escreveu algo:

— 26 de abril de 1942. Aqui ela fala de uma vida "longa e plena", mas, em menos de um ano, no dia 2 de abril de 1943, foi morta em Sobibor. Para que vocês vejam como vivíamos na ingenuidade. Não sabíamos de nada. Os nossos pais praticamente não falavam no assunto.

"Eu tenho aqui também algumas palavras de Hennie Metz, datadas do mês de julho de 1942. Um ano depois, assim como aconteceu com a Ilse, foi parar em Sobibor, onde deve ter sido mandada diretamente à câmara de gás. A Anne foi a que sobreviveu mais tempo de todos os que vocês veem aí."

Jacqueline folheia o caderno à procura da página em que Anne deixou uma mensagem à amiga.

— Isto aqui ela escreveu em março de 1942. Em março de 1945, morreu em Bergen-Belsen. — Jacqueline continua virando as páginas, até que encontra o que procurava. — Betty Bloemendaal, escrito em abril de 1942, assassinada no dia 23 de julho de 1943.

"A inocência dos versos tem a ver com o fato de que naquele verão de 1942 ainda não tivessem sido deportadas crianças judias", comenta Lenie. "Até então ainda não tinham desaparecido crianças da escola."

Pergunto a Jacqueline se não quer ler um poema de Anne.

— Escrito em Amsterdã no dia 23 de março de 1942. "Querida Jacque, continue sendo o raio de sol que você é: na escola, uma pessoa alegre; como amiga, adorável, porque assim a adoramos todos. Lembrança da amiga, Anne Frank."

O REFÚGIO

Durante a conversa vem à tona o tema do refúgio. Quem teve de se esconder, quando e por quê. Lenie conta que entrou na clandestinidade no final de maio de 1943. No Liceu Judaico só havia cursado o primeiro ano, porque logo depois se transferiu para o Liceu Judaico Montessoriano. Data dessa época o seu primeiro contato com refugiados judeus oriundos da Alemanha.

— Os judeus alemães contavam com mais experiência que os holandeses, devido às privações que já tinham sofrido no próprio país — conta.

Penso em Hannah, assim como em Anne Frank, que explica no diário que o pai havia trazido a família para a Holanda em 1933 por serem tidos como judeus "puro-sangue". Nessa época, as coisas já estavam complicadas para os judeus na Alemanha. Em 1938, após a que ficou conhecida como Noite dos Cristais, fugiu em peso com a família para a América do Norte.

Quando conto que um ou outro funcionário errou ao não colocar um jota no meu documento de identidade, supostamente por eu ser judeu só por parte de um lado dos avós, Albert me pergunta por qual razão eu me escondi.

— Isso foi porque os meus pais não voltariam mais para casa. Eles, sim, haviam recebido o jota no documento e corriam perigo, razão pela qual quiseram sair de circulação. O que mais podiam fazer? Não podiam me deixar vivendo em casa sozinho. Como isso foi impossível, me alojaram em outro lugar.

Jacqueline diz que ela, sim, era judia só por um lado da família.

— Mas como estávamos registrados na repartição judaica da prefeitura, éramos considerados judeus. Também foi assim que eu acabei no Liceu Judaico. Três anos após o início da guerra, a minha mãe decidiu fazer algo a respeito, e acabou se dirigindo à Euterpestraat. — Nessa rua, hoje chamada de

Gerrit van der Veenstraat, havia um quartel da polícia de segurança alemã.

"A minha mãe não era judia, mas sim católica. O tipo de mulher que sempre acaba conseguindo o que quer. É claro que ela também estava extremamente apreensiva de ir falar com um oficial de alta patente, mas conseguiu ludibriar o homem com um pouco de blefe e fazendo uso de todo o seu charme. Depois disso foi só esperar que os documentos chegassem do sul da França, uma operação bastante complicada, mas que acabou funcionando. Lá pelo meio da guerra, eu de repente deixei de ser judia."

— A isso você deve o fato de estar aqui agora conosco, sã e salva — observo.

— É verdade. Caso contrário eu não estaria aqui mesmo.

Ela fica calada por alguns instantes, até que se dá conta de que tem em mãos o álbum de poesia. Olha na direção de Lenie.

— Lenie, você não quer ler o seu próprio poema? Depois de tantos anos, voltar a vê-los...

Surpresa, Lenie ergue o olhar.

— Claro, como não?

Apanha com cuidado o caderno tão velho e examina a página em que Jacqueline o abriu para ela. Recita:

— "21 de abril de 1942, Amsterdã-Zuid. Querida Jacqueline, a cada dia seu, um riso alegre, uma palavra amiga, é o que encanta a todos. Viva com prazer e aproveite a sua juventude, e tente ser a luz que nos ilumina. Da colega de classe, Lenie Duyzend." Sorri e conta que na época escrevia ela mesma esse tipo de poema, em vez de apenas copiá-los de algum lugar.

Os meninos não costumavam escrever poesia nessa época, Albert e eu vemo-nos forçados a constatar.

— Você não quer ler agora o seu poema? — pergunta Jacqueline a Nanette.

— Sim, claro. Que fantástico você ter guardado o álbum. Quantas lembranças!

— Eu não tive de me esconder, o que faz uma grande diferença.

— "Dia 19 de março de 1942" — lê Nanette. — "Querida Jacque. Mora na terra uma fada boa, sabe fazer mil prodígios, amada e venerada por quem quer que a encontre. É bondosa e deve viver no coração de cada donzela, pois se chama suavidade. Da amiga, Nanny Blitz." Nesta página, então, escrevi: "olhos azuis, lábios vermelhos, que você viva sempre com saúde, querida Jacque".

Desatamos todos a rir.

Como Hannah não está presente, é Albert quem lê o poema dela.

— "Dia 8 de março de 1942. Querida Jacque, seja sempre alegre e cheia de vida, abra sempre o sorriso e traga a cada casa em que entrar ventura e raio de sol. Da amiga, Elisabeth Goslar." — Bem embaixo das linhas, colado, um pequeno retrato da autora, algo muito comum de se fazer na época.

O tema agora é a festa de aniversário de Anne, na casa perto da nossa.

— Você também compareceu, Albert? Está lembrado do tal filme do *Rim-Tim-Tim*? — pergunto.

— Compareci, sim — responde ele —, mas se eu cheguei a ver o filme jamais me lembrarei. Do que eu me lembro, sim, é de um filme sobre como preparar geleia. Foi o Otto Frank quem passou esse e outros filmes durante a festa. Nós estávamos sentados numa sala, mas havia uma câmara adjacente, totalmente escurecida. Era lá que se encontrava a tela. Na época eu não sabia que o Otto Frank trabalhava no comércio de pectina. Eu me lembro de que era uma grande chatice e que o filme me deixou indiferente.

— A Miep Gies uma vez me contou que era para um comercial da Opekta* — conta Jacqueline.

— Também não estou bem lembrada do filme do *Rim-Tim-Tim* — conta Nanette. — Eu me lembro mesmo é daquele álbum quadriculado, o primeiro diário dela. Mentalmente, consigo até ver a cena com nitidez: o diário sobre a mesa ao lado dos outros presentes.

— Pelo que eu me lembro, ele não estava na mesa, mas nas mãos dela, que veio nos mostrar — diz Jacqueline. — E também me lembro do tom de mistério que ela criou em volta do diário. Ela o tinha ganhado no dia anterior, e é improvável que ele tivesse passado a noite inteira sobre a mesa.

— Seja como for — diz Nanette — eu na época o vi, sim, porque ele tinha me chamado a atenção. Como todos os demais, eu também tinha o meu diário, mas o da Anne tinha um quadriculado lindo. Nessa época, dizíamos lá em casa que as paredes tinham ouvidos. Assim sendo, mais valia confiar intimidades ao papel de um diário. Por isso escrevíamos tanto.

Jacqueline não escrevia, ela nos conta com certo pesar.

---

* A "Nederlandsche Opekta Ltd.,", rebatizada de "Opekta", era uma filial da mesma empresa alemã, baseada em Colônia, fundada em 1933 e gerenciada pelo pai de Anne Frank. (N. do T.)

OS ADORADORES DE ANNE FRANK

Reúna um grupinho híbrido de homens e mulheres, e a conversa em dois tempos envereda pelo assunto "amor". No nosso caso, não falamos sobre quem havia estado com quem, mas sim sobre quem estava de olho em Anne. E perguntávamo-nos se, pelos nossos padrões, se tratava de uma menina bonita ou não.

— Eu sei que naqueles tempos a palavra "sexy" não constava no nosso vocabulário — digo. — A única coisa de que eu tenho certeza, e absoluta, é de que a Anne era bastante atraente. Agora, se ela mesma sabia disso, aí é outra história... Numa das lembranças, ela escreve: "Você se lembra de quando o Maurice Coster tentou angariar a confiança do Pim* para sair com a filha dele?" É possível que a Anne pensasse que eu quisesse me relacionar com ela.

— Jura mesmo? — pergunta Jacqueline.

— Pois é, eu acho que era mais um boato que ela tinha ouvido. — Conto que às vezes íamos juntos de bicicleta à escola. Nada de muito emocionante.

No seu diário, Anne Frank escreve que me tinha entre "os seus muitos adoradores". De onde ela tirou a ideia eu sinceramente não saberia dizer. O mesmo acontece com as passagens subsequentes em que fala de mim.

O diário deixou de ser um caderno em branco com a capa feita de um tecido com quadriculados vermelhos e brancos para se tornar um monumento. Ou algo ainda mais gran-

---

* "Pim" era o nome carinhoso com que Anne se referia ao pai, Otto Frank. (N. do T.)

dioso. Se os alemães tivessem levado o diário após a invasão, *Het Achterhuis* jamais teria sido publicado. Após um discurso radiofônico da clandestina Radio Oranje, feito pelo ministro da Educação em exílio, Gerrit Bolkestein, Anne decidiu passar o diário a limpo. Finda a guerra, Bolkestein havia pedido aos concidadãos que se reunissem e publicassem testemunhos tais como diários, e Anne queria que o diário servisse de base para um livro. Ao passá-lo a limpo, omitiu certas passagens, aos seus olhos menos importantes, e engrossou outras com memórias adicionais.

Miep Gies era uma das que ajudavam a família Frank, agora na clandestinidade. Foi ela quem pegou o diário e a versão passada a limpo após a família ser capturada pelos alemães, e os manteve guardado. Encerrada a guerra, entregou os escritos de Anne ao pai desta, Otto Frank, que enxugou um pouco os textos, mesclando o original e a cópia passada a limpo, e criou uma terceira versão para a publicação. Antes mesmo de que isso se desse, o texto já tinha sido muito bem recebido pela crítica do *Het Parool*, um dos principais jornais de Amsterdã. Não demorou a aparecer um editor interessado em publicá-lo e, a partir desse momento, o livro jamais deixou de ser impresso.

As traduções para outros idiomas tampouco tardaram, ainda que o êxito internacional do diário de Anne só tenha deslanchado mesmo após a apresentação de uma peça nos Estados Unidos, baseada no livro. Na contracapa do exemplar que adquiri mais recentemente se diz que o livro foi editado em mais de trinta países e que já foram vendidos mais de 16 milhões de exemplares.

Sou mencionado na página 12: "Maurice Coster é um dos meus inúmeros adoradores, mas é uma tremenda peste."

— O que eu sei — diz Jacqueline — é que a Anne se descreve tão bem no diário que é praticamente redundante acrescentar algo mais. Em alguns trechos ela afirma ser o grande centro das atenções, mas disso eu realmente não me lembro. Não acredito que houvesse tantos rapazes atrás dela como quer fazer crer no diário. No mais, acho que se descreveu muito bem no que se refere à personalidade. De uma maneira incrível e sincera, principalmente quando escreve sobre si mesma durante o refúgio.

— Eu não me lembro muito bem dela — conta Albert. — Eu era do tipo mais acanhado, e a Anne já era mais crescida e robusta na época. O que quer dizer que, se é de atração que estamos falando, eu preferia as menos agitadas, como a Ilse Wagner. Essa sim era mais delicada.

— A Anne vivia me dizendo para eu parar de ficar sempre mexendo nos cabelos e nos meus botões — diz Nanette. — E se vocês quiserem a minha opinião, também acho que ela adorava ser o centro das atenções. Fazer-se notar era mesmo com ela. Agora, quando eu a vi no campo de concentração, aí a história foi bem diferente, claro.

— Como?! Você chegou a vê-la lá? — Eu sabia que Nanette havia estado no campo de Bergen-Belsen, o mesmo para o qual tinham sido deportadas Anne e a irmã Margot, mas o resto era novidade para mim.

— Não só vi como abracei. O campo de Bergen-Belsen era dividido em várias seções. Eu estava numa seção diferente da de Anne. Primeiro eu a vi atrás do cercado de arame farpado. Demorei algum tempo para reconhecê-la com a aparência que estava. A última vez em que tínhamos nos visto tinha sido em julho de 1942, logo antes de ela ter se mudado para o esconderijo com a família. O choque que eu senti ao vê-la naquele estado macilento e degradante é indescritível.

"Houve um momento em que removeram o arame farpado. Eu suspeitava que a Anne ainda estivesse na sua seção do outro lado. Fui procurá-la e a encontrei. A partir de então, as minhas visitas se tornaram relativamente frequentes.

"Não passávamos de pele e osso, mas a Anne ainda estava convencida de que sobreviveria ao campo. Ela me contou que continuava escrevendo o seu diário no refúgio. A intenção dela não era publicar o diário, mas usá-lo como base para um livro.

"A Anne tinha chegado em novembro em Bergen-Belsen, completamente esquálida, e foi lá que me contou o que tinha visto e vivido em Auschwitz. Não sabia onde tinha ido parar a mãe, que tinha ficado na Polônia.

"Pouco depois chegou à nossa barraca uma menina cuja cama ficava ao lado da minha — e que aliás hoje em dia vive em Haifa, Israel. Começamos a conversar, e ela me contou que a mãe da Anne tinha sobrevivido à seleção. Eu, por minha vez, passei a notícia para a Anne, que recobrou um pouco as forças. Também cheguei a ver a Margot. Morreu pouco depois da Anne. Mas foi só depois da guerra que eu fiquei sabendo que a Hannah também tinha estado em Bergen-Belsen. Para que vocês vejam em quantas seções estava dividido o campo."

DENTRO E FORA DA ESCOLA

O fio da nossa conversa é vez ou outra interrompido pela bagunça de um grupo de crianças querendo chamar a atenção do lado de fora. Dirigem-se aos brinquedos, não longe de onde estamos. Devem ter em torno de 8 anos. Quatro, cinco anos mais novos que nós na época em que nos matriculamos no Liceu Judaico: entre nós, Anne Frank. Falta muito o que dizer sobre ela, e tenho certeza de que, no decurso do dia, a ficarei conhecendo ainda melhor.

Albert conta que teve como professora de biologia no Liceu Judaico a senhora Biegel.

— Ela havia me dito que do cruzamento de uma égua com um jumento se obtinha uma mula, ou um burro. E eu sem entender nada. A Anne se ofereceu para me explicar, mas eu não estava muito interessado. Para o grande divertimento de toda a turma, claro.

Rimos.

Nanette diz:

— Naqueles tempos ainda éramos tão bobinhos! A juventude de hoje já é bem diferente.

— Outra coisa de que eu me lembro — diz Albert — foi que no verão de 1942, já bem perto das férias, um dos professores nos propôs criar uma biblioteca na sala de aula. Cada um deveria contribuir trazendo pelo menos um livro, e, dessa maneira, poderíamos trocar livros. Eu me lembro de que alguém — só não me perguntem quem — comentou que os meus livros eram muitos infantis. Não deixava de ser verdade, porque eu era de fato um ano mais novo que os demais. Eu já sabia fazer contas e era bom em holandês, mas para outras coisas eu simplesmente ainda não estava maduro.

Sorrindo para mim mesmo, penso em Anne, que queria aclarar Albert durante o recreio em matérias sexuais.

— Ainda me lembro de outras coisas em relação à biblioteca — diz Jacqueline. — Por exemplo, do livro que eu levei. Como não podia deixar de ser em se tratando da minha pessoa, era o mais bonito dentre todos os meus livros. *Idílio escolar*, primeira edição. Mas aprendi a minha lição. O livro desapareceu num abrir e fechar de olhos.

Expresso em voz alta a minha dúvida sobre se havia alunos realmente bons na nossa escola.

— Nós éramos todos bons alunos — diz Jacqueline. — Se assim não fosse, teríamos ido parar numa escola MULO.

— A mais inteligente está aí no seu álbum de poesia — comenta Albert. — A Betty Bloemendaal. Ela tirava as melhores notas da classe inteira.

— Ai, que tristeza pensar nela! — exclama Jacqueline. — Uma menina tão inteligente, tão meiga e sossegada! — Ela lê o bilhete que havia inserido no álbum, na página de Betty Bloemendaal. — Julho de 1943. Esse deve ter sido o mês em que ela morreu na câmara de gás de Sobibor. Às vezes eu tenho que consultar algum livro, para ter certeza da data da morte. Se a data da morte de alguém confere com a dos pais, é fácil montar o quebra-cabeça. Até as datas das minhas primas eu consultei. Batem com as dos pais.

— O que eu acho uma pena é não termos nenhuma fotografia da classe inteira — diz Nanette. — Coincidentemente eu ainda tinha um retrato que tinha sobrevivido à guerra, porque, quando os alemães depenaram a nossa casa, deixaram cair no chão, sem querer, uma pasta. Foram os nossos vizinhos que a encontraram e guardaram. Nessa pasta estava a fotografia original da turma, a mesma que existe da Anne Frank. — Nanette conta que doou a antiga fotografia ao Museu Histórico Judeu, e é onde ela agora pode ser encontrada. O marido a interrompe para comentar que está casado com uma peça de museu.

Procuramos nos lembrar do que costumávamos fazer fora do horário escolar, como nos divertíamos. Brincar na rua logo começou a ficar problemático, porque já no início da guerra nos impuseram proibições de toda espécie. No final do primeiro semestre escolar, tivemos de entregar as bicicletas. Jacqueline nos conta que a bicicleta de Anne tinha sido roubada uma semana antes. Anne fizera um boletim de ocorrência.

— O curioso é que faz uns dez anos o tal boletim foi encontrado nos anais da polícia. Pois é, é aparecer o nome de Anne Frank para as coisas ficarem interessantes. Enfim, depois que as bicicletas foram confiscadas, tínhamos de ir andando para a escola.

— Exato. Toda espécie de proibições começaram a ser impostas a partir da primavera de 1941. Não podíamos mais frequentar os parques, fazer exercícios físicos ou ficar sentados nos nossos próprios jardins — conta Lenie.

— Nem escoteiro me deixaram continuar sendo — digo. — O que para mim foi uma tristeza, porque eu gostava bastante do grêmio.

— Uns e outros criaram outro grêmio de escoteiros depois da introdução de tantas proibições às crianças judias — conta-nos Albert. — Eu próprio fui membro por mais ou menos um ano, até que o grupo, formado exclusivamente por crianças judias, também foi proibido. Na reunião de encerramento, o cabeça do grupo fez um discurso que me marcou profundamente. O que ele disse foi: "Neste momento nos tornamos os bodes expiatórios. Somos desprezados e maltratados por todos os lados. Mas quero que vocês parem para pensar que o judaísmo também produziu inúmeras maravilhas, de que nós temos de estar sempre orgulhosos." Encerrada a guerra, fui correndo atrás dessas maravilhas. Comecei a estudar hebraico e me engajei pela causa da comunidade judaica. Recebi pelo meu trabalho até uma condecoração.

Cada um de nós nutre o mesmo sentimento de ter perdido parte da nossa juventude por conta da guerra. Nanette comenta que não chegou em absoluto a viver a sua adolescência.

— Deixamos de ser crianças para logo ser adultos por força das circunstâncias. — Ela tem a impressão de jamais ter sido jovem. Quando, com 16 anos, se mudou para a Inglaterra, achou as pessoas da sua idade incrivelmente pueris. Ela própria, claro, já tinha vivido experiências inteiramente desconhecidas para a maioria das pessoas de sua idade.

— Eu não tenho certeza de ter me tornado adulto com o fim da guerra, mas é evidente que alguma etapa da adolescência, sim, eu saltei — diz Albert. — Normalmente, o que acontece é que justamente na adolescência tentamos nos desvencilhar da autoridade paterna, impondo limites. É a prática, quando se tem lá pelos seus 14 anos. Eu, entretanto, passei essa fase no esconderijo com os meus pais e a minha irmã, e jamais me passaria pela cabeça, dadas as circunstâncias, impor esses limites a fim de descobrir quem eu realmente era. É o tipo de preocupação normal num rapaz da minha idade, mas eu não a tive. Nem mesmo depois da guerra.

— Talvez tivesse também relação com o seu caráter não fazê-lo. A Anne, sim, pelo menos pelo que se depreende do diário, cultivou esse distanciamento dos pais — comenta Jacqueline. — É possível que, mesmo sem guerra, você também não tivesse sido tão complicado.

— Pode até ser, mas, olhando para trás, frequentemente penso que me faltou essa fase da adolescência.

— Nós que nos cuidássemos se criássemos ainda mais dificuldades além das que já havia — comenta Nanette. — Sem a guerra, acho que teria vivido a fase da puberdade de maneira diferente. Mas concordo com você, Jacqueline, quando diz que a Anne se rebelava contra os pais. Principalmente contra a mãe, o que incomodava muito ao Otto Frank, não acha?

— Com certeza. Não tenho a menor dúvida de que ela tenha vivido intensamente a adolescência. Eu própria era o contrário, mais dócil que rebelde — conta Jacqueline. — Eu não impunha os meus limites, mas é verdade que eu me alienava da situação que reinava lá em casa. Do que eu ainda estou bem lembrada é de ter procurado a Hannah e a Nanette depois da guerra, e de ter tido a sensação de que o elo que nos unia havia desaparecido, porque elas tinham vivido uma experiência desconhecida para mim. Foi o que me deu a sensação de ter pulado alguma fase. Apesar de o nosso contato ter melhorado depois, na época foi exatamente essa a minha impressão.

Temo que não haja escapatória para mim. Chega a minha vez. Na época eu estava bastante consciente de que deveria me comportar da melhor maneira possível na casa dos Van Beek. Por isso também jamais senti necessidade de impor os meus limites em relação aos meus pais para me autoafirmar. Isso seria inconcebível nas circunstâncias da época. Nesse sentido posso dizer que também pulei parte da minha adolescência.

— O mesmo que aconteceu comigo na casa das minhas tias — acrescenta Nanette ao meu relato. — Depois da guerra, me mudei para Londres, e elas me acomodaram. Sempre se mostraram fantásticas comigo, mas eu tinha de andar na linha. Ai de mim se eu tentasse pôr as manguinhas de fora! Ou seja, tive de me adaptar a elas.

O sol brilhava quando nos colocamos os quatro (Lenie nos abandonou provisoriamente) a caminho da antiga casa de Anne Frank. O apartamento no segundo andar agora está ocupado por uma fundação que oferece anualmente as suas instalações a algum escritor ou alguma escritora perseguidos no país de origem. Jacqueline ainda conta que o antigo quarto de Anne Frank foi inteiramente restaurado no estilo da época. Acha uma pena não podermos vê-lo.

Depois de o grupo se dispersar, Nanette me diz que uma colega de classe, a certa altura do ano de 1942, lhe contou uma história estranhíssima.

— Segundo ela, na Polônia se usavam caminhões dentro dos quais eram assassinadas pessoas, com uso de gás. Que invenção, não? Eu não conseguia acreditar.

Assassinar pessoas com uso de gás. É bem verdade que soa como invenção, mas a história não deixa de ser menos verdadeira.

A INVASÃO DO OCUPANTE ALEMÃO

O início da guerra na Holanda é mais que conhecido. O bombardeio arrasador no centro da cidade de Roterdã. O governo ficou tão chocado quanto a população civil holandesa. Decidiu não esperar até que se seguissem outros bombardeios para assinar a capitulação.

Agora que cada um de nós tem a tarde livre para si próprio, aproveito a ocasião para conversar mais longamente com Albert. Estou curioso para saber se ele se lembra do dia em que os alemães invadiram a Holanda.

— Eu estava de cama, doente — conta Albert com um sorriso. — Estava na cama de casal dos meus pais, ouvindo rádio. Eu me lembro de ter ouvido uma notícia sobre paraquedistas alemães que tinham saltado nas redondezas de Roterdã. E me lembro também do discurso da rainha Wilhemina em que protesta contra a invasão alemã. Ninguém esperava por essa. Já sobre o fato de a rainha ter abandonado o país eu sinceramente não julgo. Acho que ela fez um bom trabalho de onde estava na Inglaterra. Aqui não tinha mesmo muito o que fazer. É claro que há exemplos de casas reais europeias que permaneceram: o rei Leopoldo da Bélgica, o rei Cristian X da Dinamarca. Ele impressionava com a sua política antigermânica. Mas fazia isso de maneira tão sutil que pôde ficar no trono, claramente tomando partido da população, o que o tornou muito popular. Já do rei Leopoldo nunca ouvi dizer que ele tivesse usado o seu status em benefício de algo ou alguém.

Quando pergunto a Albert se está lembrado da sua reação à invasão alemã, ele confessa que não muito.

— Não tínhamos escapatória. E a Holanda não tinha como enfrentar as tropas tão mais poderosas dos alemães. Nós nos entregamos depois do bombardeio fulminante no centro de Roterdã. Naqueles dias derradeiros, foram muitos os que tentaram fugir de barco rumo à Inglaterra, mas foram poucos os que efetivamente conseguiram fazê-lo. Ouvi falar até de um grupo de pessoas que teria cometido suicídio.

Nos primeiros seis meses da ocupação alemã, nada mudou muito. Continuava tudo praticamente na mesma. Claro, tínhamos de obscurecer as janelas para que os aviões ingleses em voos rasantes não fossem guiados por um rastro de luz — nessa época ainda não existiam os binóculos infravermelhos —, mas de resto não se percebia muita coisa, de acordo com Albert.

— Quase no fim do primeiro ano, todos os funcionários judeus foram despedidos. Os que possuíam algum negócio foram desapropriados dos seus bens, e os membros do movimento nazista holandês, destacados como administradores. O meu pai trabalhava para uma empresa judia, cuja diretoria foi despedida e os cargos ocupados por um grupo de nazistas. Não demorou para que o meu pai também fosse demitido.

Pergunto a Albert se chegou a receber abrigo na casa de pessoas especialmente pagas para fazê-lo.

— Não, nós nunca tivemos de pagar para ficar escondidos. Recebemos, sim, ofertas de esconderijo, e por eles tinha que desembolsar um bom dinheiro. Os meus pais declinaram essas ofertas não só porque não tinham de onde tirar tanto dinheiro, mas principalmente para podermos continuar vivendo com otimismo. Achávamos que a guerra talvez acabasse em questão de meses. Como podíamos imaginar que duraria cinco anos? Pessoas oferecendo esconderijo por milhares de florins — o que na época era uma senhora quantia —, essas só estavam interessadas mesmo é no dinheiro.

"O meu pai era caixeiro-viajante e não tinha só muitos, como também ótimos fregueses. Ele sabia em quem podia ou não confiar. Quando o nosso dinheiro a certa altura acabou no período do esconderijo, já estávamos em contato com pessoas da resistência. O meu pai então disse a elas: 'Agora vocês vão perguntar a fulano ou beltrano se podem ir pedir ajuda dos meus antigos fregueses.'

"E os esforços não foram em vão. Alguns dos ex-fregueses do meu pai nos mandavam dinheiro através dos membros da resistência. E, mesmo depois da guerra, disseram que não queriam o dinheiro de volta."

Pergunto-lhe se ainda se lembra de outros amigos da escola. Quem era, por exemplo, o seu melhor amigo?

— Era o Leo Slager. Ele não morava muito longe daqui, e eu passava pela casa dele no caminho para o liceu. Então seguíamos juntos. Eu me lembro de uma vez em que voltávamos para casa, depois de uma aula de alemão. Eu ficava inserindo palavras alemãs na conversa, até a hora em que ele se enfureceu e desviou para outro lado.

Leo Slager não sobreviveria à guerra. Teve o seu fim no campo de concentração de Sobibor.

— A minha mãe mora nos Estados Unidos — continua Albert. — Há alguns anos veio à Holanda, quase sessenta anos após o fim da guerra. Ela disse que um dia precisava de um produto de drogaria que não encontrava nos Estados

Unidos. Eu a levei até a loja da Etos mais próxima, onde ela foi logo pegando o que queria da prateleira. Consultou a etiqueta e, quando leu *Made in Germany*, o pôs na mesma hora de volta onde estava. — O olhar de Albert é de assombro. — Sessenta anos depois da guerra!

— E você, leva bem a questão do trato com alemães? — pergunto. — Você não sente um calafrio na espinha quando ouve alemão por aí?

— Não, sinceramente. Não vejo nada de mais em ouvir alemão. Mas também tenho que confessar que nunca na vida me ocorreu ir passar férias na Alemanha. Quando as famílias iam antigamente em peso de férias para a Suíça, era sempre passando pela França. Jamais pela Alemanha.

ESCAPANDO DAS MÃOS DOS ALEMÃES

Dois anos após o início da ocupação alemã, os judeus começaram a ser transportados a Westerbork. A princípio, as intimações para ir trabalhar num campo chegavam por correio normal. Foi o que aconteceu com a irmã de Anne, Margot Frank. Ela recebeu essa convocatória, após a qual a família decidiu se esconder. Isso foi em julho de 1942.

— Recebemos a intimação no dia primeiro de agosto de 1942 — conta Albert. — Válida para todos os membros da família: o meu pai, a minha mãe, a minha irmã e eu. Papai não era tão decidido como mamãe. Achava que conseguiria contornar a situação fingindo estar doente, mas mamãe quis procurar refúgio. O assunto deu pano para manga na época.

"Um amigo dos meus pais tinha improvisado um esconderijo para ele e a família, como os Frank. Não estava longe do esconderijo dos Frank, e ele poderia acomodar também a nossa família. No dia primeiro de agosto, recebemos a convocatória para comparecermos à estação central no dia cinco, e, se não me falha a memória, desaparecemos de circulação no dia três."

Quando lhe pergunto sobre as circunstâncias desse processo, ele tem de parar para pensar. Tento ajudá-lo, perguntando-lhe se ele se lembra das comidas, brincadeiras ou dos esportes.

— Esporte! — exclama, rindo. — Essa é boa, hein? Se eu me lembro das circunstâncias desse processo? Bem, o nosso primeiro esconderijo foi um lugar seguro só nos primeiros quatro meses. Não contávamos com isso. Aconteceu em linhas gerais como no caso da Anne. Havia pessoas envolvidas na questão desde o começo e agora estavam na organização. Eram os responsáveis para que os mantimentos chegassem aos seus destinatários, o que era prioritário. É claro que tinham feito um estoque de emergência, constituído basicamente de vagens, que eram menos perecíveis. Algumas vezes por semana passavam lá em casa pessoas com verduras, frutas, pão, batatas e queijo, e o que mais se pudesse encontrar. Antes disso, eram necessários cupons de distribuição. Então, tínhamos que pedir pela intervenção de certas pessoas para consegui-los na central de distribuição. Até que foram bloqueados, porque os alemães acusavam o fato quando uma pessoa sem direitos comparecia para pegá-los. E aí era um salve-se quem puder para se ter acesso aos cupons através do movimento clandestino.

"Depois disso, tivemos de prescindir também dos esconderijos organizados para tentar conseguir refúgio na casa de alguma família que pudesse fazer as compras por nós. Ainda continuávamos precisando dos cupons, mas já não faziam falta os especialmente designados para ir trazer as provisões."

— O que você mais costumava fazer durante esse tempo?

— O amigo dos meus pais em cuja casa nos escondemos primeiro era adepto de disciplina. Ele nos fazia levantar em torno das 7h30, 8h, para começarmos o dia com exercícios físicos. Eu não era lá muito bom, mas participava bravamente. As três refeições diárias tinham horário certo, e no sabá — sexta-feira à noite e sábado — fazíamos o *kidush* e, acabada a refeição, as devidas bênçãos. Para nos distrairmos, jogávamos Banco Imobiliário. Aprendi com o meu amigo a jogar xadrez. Os meus pais jogavam todos os tipos de jogos de baralho, com uma frequência tal que aprendi bridge só de ficar olhando. Quando, depois da guerra, me afiliei a uma associação de bridge, me selecionaram de cara para participar de competições, sendo que antes eu nunca tinha jogado de verdade.

"Lá para meados de 1943, fui parar num esconderijo na região do Gooi, ao sudeste de Amsterdã. Ali era seguro o suficiente sair à rua. Ali, requisitavam a minha ajuda na horta, para arrancar as ervas-daninhas e até para ir fazer compras. Às vezes eu ia com a minha irmã até a padaria. Éramos loiros, de olhos relativamente claros e, portanto, não chamávamos a atenção. É provável que as pessoas nem imaginassem que eu era judeu. Honestamente, acho que a nossa identidade se encontra dentro, e não fora de nós."

— Alguma vez aconteceu de você ser quase pego pelos alemães? — quero saber.

— Aconteceu. No nosso primeiro esconderijo, já estávamos lá havia quatro meses, as coisas quase acabaram mal. O esconderijo ficava espremido entre casarões de uma das zonas mais nobres da cidade, e só tinha uma porta dianteira, atrás da qual uma escada conduzia aos poucos andares superiores que havia. Estávamos no térreo, e acima de nós havia um grupo de artistas — pintores — que estava envolvido no complô, por assim dizer. Eles nos ajudavam fazendo compras ou trazendo cupons de alimentação.

"Certa noite, um dos pintores foi apanhado pela polícia e posto atrás das grades. Não por nossa causa, mas por ser comunista. A Alemanha estava em guerra contra a Rússia, então sobre nós todos os comunistas eram suspeitos. Parece que o homem falou sobre nós com outro prisioneiro. Note bem: prisioneiro. Não vigilantes ou alemães, não, prisioneiro. O pintor deve ter achado o homem de confiança. Até que esse tal homem a certa altura foi solto. Sabia pelo pintor que tínhamos comida estocada para o que desse ou viesse.

"Certo dia, eis que o homem entra na casa pela saída de emergência secreta. Na hora em que essa porta se abriu, achamos que tinham nos encontrado, o que não foi o caso, mas imagine a agonia que passamos. Aquele episódio significou que havia de fato pessoas a par do nosso endereço, que deveria ser segredo para todo e qualquer um. No fim, o incidente com o ex-prisioneiro nos afugentou dali. Jamais fiquei sabendo que fim ele levou.

"Mais tarde, por meados de 1944, aí, sim, escapamos por um triz de cair nas mãos dos alemães. Já fazia um ano que estávamos no esconderijo do Gooi, num vilarejo chamado Laren. A maior parte dos policiais locais era gente de confiança, mas o prefeito era membro da NSB. Era fato notório que durante a noite comandava a caça aos clandestinos.

"Certa tarde de junho, eu e minha irmã tínhamos ido fazer compras. Quando voltamos, a casa estava deserta. Não era só a nossa família que estava escondida, a do meu tio também estava ali. A família dos proprietários da casa também costumava ficar, com os dois filhos, na companhia dos demais. Ou seja, no total havia 11 pessoas na casa, todos ausentes, quando chegamos.

"O que se soube depois é que a polícia havia passado pela casa e encontrado uma roda de fiar, na qual presumivelmente se tecia lã. A lã era proibida, porque a existente se destinava ao Exército alemão. Assim sendo, concluíam que quem estivesse em posse de lã tinha ligação com o mercado negro, algo extremamente grave. O que aconteceu de fato foi que a polícia já chegou para inspecionar a roda de fiar com a intenção de fazer vista grossa. Não queriam de maneira alguma ver os clandestinos! Teriam supostamente dito: 'Queremos essa roda de fiar longe daqui quando viermos fazer a inspeção na semana que vem.' Os que estavam presentes no momento se mandaram na mesma hora, porque tinham captado a mensagem subliminar do aviso: Pessoal, a gente faz de conta que não enxerga os clandestinos, mas estejam alertas de que este esconderijo já não é mais um lugar seguro. Com o prefeito atual já não se sabe se as coisas vão terminar bem. Tratem de já ter desaparecido na semana que vem.

"E foi o que fizemos.

"Depois disso, passamos meio ano num vilarejo próximo, chamado Eemnes. Ali ficamos numa casa com vidro fosco na porta da frente. Eis que um belo dia toca a campainha. Pelo vidro se enxergava a silhueta de um homem de uniforme negro. Infelizmente, a conjuntura era tal que na época, dentro de todo e qualquer uniforme para nós havia um alemão.

"Como era o horário mais ativo do dia, ninguém estava em seu respectivo esconderijo. Nós nos entreolhamos e dissemos: 'Ops! Encrenca.' Nós sete tivemos então de disparar para nos esconder antes que algum membro da senhoria abrisse a porta.

"De fato, ali havia um homem trajando uniforme nazista, que disse: 'Demorou tanto para esta porta ser aberta e foi tanto o tumulto de passos apressados que eu logo concluí que alguma coisa aqui não está nos conformes. Mas corro perigo se entrar aí sozinho. Vou buscar reforço e já volto.'

"Pois esses foram os momentos em que não faltou muito para sermos descobertos."

O PRIMEIRO OLEIRO COM FORNO ELÉTRICO DA HOLANDA

Conto a Albert sobre a minha experiência com a construção do planador. Vamos rodeando vagarosamente a praça Merwede. Por curiosidade em relação ao que as crianças costumavam fazer naquela época tão surrealista, pergunto quais são as suas lembranças.

— Como eu disse previamente, aquela família em Laren acabou acolhendo, além de nós, uma tia, uma prima e um tio meus — prossegue Albert. — Na prática, isso significa que éramos sete refugiados numa casa diminuta com apenas três quartos. O nosso senhorio-clandestino também tinha dois filhos e nos disse que ficássemos com o maior quarto, que eles se acomodariam nos outros dois.

"Nós, as crianças, eles deixavam sair para brincar no jardim. Ao lado de nossa casa vivia um casal de idosos que devia estar na faixa dos 60. Ambos artistas de olaria. Laren era um vilarejo onde moravam muitos artistas, principalmente pintores. Mas eles eram oleiros.

"O homem, o senhor Hobbel, vinha todas as tardes, às cinco em ponto, se postar ao lado da cerca que separava o jardim da nossa casa do da sua. O meu tio se punha do outro lado, e, juntos, escutavam clandestinamente o canal de alguma rádio inglesa, o que, é claro, estava expressamente proibido, já que se tratava da rádio do inimigo. Nessa época só estava autorizada a rádio da propaganda nazista. Mas a emissora inglesa trazia notícias do outro lado do fronte, notícias que nos encorajavam a ter paciência. Era bastante reconfortante ouvi-las. E todos os dias lá estava outra vez o senhor Hobbel do outro lado da cerca para contar ao meu tio o que tinha ouvido.

"Após o incidente com a roda de fiar, tivemos que abandonar o esconderijo. Menos mal que tenhamos conseguido abrigo na casa dos filhos do casal Hobbel, que tinham em Eemnes um pequeno ateliê com fornos elétricos de olaria. Para a época, era um luxo, porque nessa época os oleiros utilizavam fornos a carvão, lenha ou turfa. Eu fui o primeiro que deixaram manusear um desses fornos. Eles tinham um esquema planejado em detalhe, em que a argila se aquecia pouco a pouco. Ela rapidamente arrebentava. O truque era deixar a água escorrer bem lentamente da argila. Em resumo, fui o primeiro oleiro a trabalhar com forno elétrico da Holanda.

"Bem depois, após a guerra já ter terminado, recebemos da senhora Hobbel uma peça de cerâmica — Albert tira do bolso uma caixinha quadrada de papelão. — Eu a embrulhei bem, por desencargo de consciência — diz, desembrulhando-a do papel fino. — O que sobrou tem para mim um valor sentimental profundo. A tampa caiu e se espatifou de maneira irremediável, e a peça em si também já apresenta este baita trinco aqui."

Olhamos para o objeto, que não parecia ter nada de excepcional.

— Quando eu deixar de existir, que façam com ele o que quiserem, mas só aí. — Albert ri, voltando a embrulhá-lo com cuidado.

— Você nunca teve vontade de ir viver em Israel? — pergunto.

Noto a apreensão no seu olhar.

— Para ser sincero, eu já até pensei na possibilidade. O que acontece, em primeiro lugar, é que eu não tenho coragem suficiente para viver num país tão problemático. Além disso, estava preocupado com os meus pais. A minha irmã já tinha ido para os Estados Unidos e, exceto por um único membro da família, tinham perdido todos os parentes. O meu pai vinha de uma família com dez filhos, dos quais sobreviveram apenas dois. Antes da guerra, eu tinha 15 tios e tias; depois dela, só três.

— Para algumas pessoas, razão a mais para querer deixar a Holanda...

— Pois é, eu sei. Já estive lá a passeio, numa cidade cheia de residentes holandeses, mas pairava algo de ameaçador no ar. Era um tipo de *Little Holland*, sabe? Fui embora rápido. Também não foi uma escolha fácil, e às vezes eu até me arrependo de não ter dado esse passo. O meu primogênito reside em Jerusalém, o que eu acho ótimo.

— No futuro, talvez?

Albert me brinda com um olhar de "ficou biruta?".

— O número de esconderijos em que estive? Tenho de contar.

Albert olha para longe e começa a contar nos dedos.

— O primeiro foi o da casa na frente do canal nobre. Depois do susto da época das festas em 1943, nos mudamos provisoriamente para a casa da minha avó, porque os alemães tinham feito uma pausa nas caças para as celebrações de fim de ano. Quando as retomaram, ainda estava na casa da minha avó, mas as noites eu tinha de passar no assoalho de uma mercearia. Dali nos mudamos para a casa de um tio — ele confeccionava impermeáveis, que eram de serventia para os alemães. Achava que poderia permanecer onde estava por um tempo, mas se enganou. Quando a coisa desandou, voltamos para a casa da minha avó, mas por pouco tempo. Depois foi a vez da casa da minha professora do ensino primário, lugar que atualmente abriga o colégio Anne Frank. Moramos ali três, talvez quatro meses. Voltamos então para a casa do meu tio e dali para Laren, onde passamos um ano. Após os incidentes que tivemos lá, foram outros seis meses entrincheirados em Eemnes, como vizinhos da família dos oleiros. No momento em que tivemos de deixar essa casa, passamos um tempo na casa deles, para então voltarmos para a nossa. Então, pela conta chegamos a quantos?

A 11 endereços? — pergunta Albert, consultando a quantidade de dedos levantados, nos quais ele não parecia se fiar. — Ah, sim! Entre uma ou outra mudança ainda passei uma noite em Blaricum.

Permanecemos alguns momentos em silêncio até ele ser quebrado por uma risada de Albert.

— Foi só trinta anos depois da guerra que ficou claro para mim o que significava ter estado em esconderijos. O que causou essa percepção tardia foi a mudança de um senhor judeu octogenário para Eindhoven. Eu o visitava a pedido da comunidade judaica. Ele tinha vivido em Amsterdã depois da guerra, mas acabou sozinho após o falecimento da esposa. Diante disso, decidiu voltar para a família que o tinha abrigado durante a guerra e ficou morando lá com eles.

"O pior da história toda foi que ele então voltou a apresentar o comportamento de um clandestino. Eu próprio nunca tinha experimentado a sensação em toda a sua plenitude como aconteceu nesse momento. Quando entro na casa onde ele está, eis que o homem leva um dedo aos lábios, sussurrando: 'Shhhh! Fale baixo... Não faça nada que faça alarde... Diga amém para tudo o que eles disserem. Você não tem nenhuma objeção e não faz perguntas por conta própria.'

"Eu fiquei até sem ar, porque estava reconhecendo o comportamento: essa era a sensação de ser um clandestino. O negócio era selar os lábios e não querer nada. Aconteça o que acontecer. É só aceitar."

A família Frank esteve no seu esconderijo do Anexo secreto: um apartamento oculto separado por uma estante de livros, e que originalmente era o espaço que abrigava a firma do pai, a

Opekta. Graças à intervenção de colegas de trabalho de Otto Frank, o lugar onde a família de Anne (juntamente com a família Van Pels e com Fritz Pfeffer) se escondeu por alguns anos dos alemães. Pergunto então a Albert se os colegas do pai dele também puderam ser de algum auxílio enquanto estavam no refúgio.

— Não que eu saiba — responde Albert após pensar longamente. — Agora, alguns fregueses, sim. Um bom número deles nos apoiou financeiramente durante metade da guerra, como já contei antes. Mês após mês. Houve também um a quem pedimos refúgio, um homem pronunciadamente cristão, mas que ao final não pôde ou não quis ajudar. Mas é aquela velha história: é difícil julgar o que uma pessoa pode ou não pode fazer. Houve também os fregueses que ofereceram ao meu pai, logo que ele foi despedido, um embrulho gigantesco com artigos têxteis de uso doméstico. Havia de tudo: toalhas de mão, panos de prato, luvas de banho etc. "Para vocês atravessarem a guerra", tinham dito eles, mas isso foi logo antes de termos que desaparecer, e não conseguimos nem de longe levar tudo o que queríamos.

Apesar das restrições que senti na pele enquanto estava escondido, jamais tive a sensação de estar trancafiado, enclausurado. É verdade que também nunca estive de fato trancafiado, pois frequentava a escola e passeava de bicicleta pelas redondezas.

Peço a Albert que me fale da sua experiência. Ele deve ter se sentido privado desse tipo de atividades.

— Pois é... Acho que quando uma pessoa se encontra numa situação dessas a sua única preocupação é a de sobreviver. Enquanto estiver viva, está bom. — Albert reflete alguns momentos e então diz sinceramente não acreditar ter se sentido trancafiado. — Na verdade, dava até certa satisfação estar a salvo dos alemães. Também não posso negar que me dava por satisfeito de poder sair de vez em quando para a rua, quando estávamos no refúgio do Gooi. Eu me lembro de que a minha irmã e eu fomos os primeiros a sermos levados até Laren. Para o meu pai ainda não havia lugar. Quando chegamos lá, já fazia por volta de uns nove meses, de agosto de 1942 a maio de 1943, que não púnhamos o pé na rua. Estávamos com uma aparência assustadora. Ou melhor, uma aparência tão lastimável que cortava o coração dos que viviam na casa. Chegaram a ponto de dizer que chamassem também os nossos pais, porque aquilo não podia continuar como estava. Pois é, não, nunca tive o sentimento agoniante de estar trancafiado. Muito pelo contrário.

— Você conseguia dormir durante a época de esconderijo? — pergunto.

— Conseguia, sem problema nenhum. Aliás, como sempre. A única coisa que incomodava eram as pulgas.

— E você não ouvia barulho de trem durante a noite?

— Olhe só, é verdade! Eu tinha até me esquecido de listar a casa em que nos abrigamos em Hilversum. Ficava bem ao lado dos trilhos por onde os trens passavam. Nas primeiras noites, sim, tive dificuldade para dormir, e ficava acordado escutando. Depois me acostumei e já nem notava o barulho.

— E me diga uma coisa, vocês comiam refeições quentes nos refúgios?

— Sim, como não? Principalmente no jantar. Com exceção do último inverno antes do fim da guerra, o chamado

Inverno da Fome. Aí tudo escasseou. Em Amsterdã se registrou um número elevadíssimo de vítimas mortais por desnutrição. Mas essa situação não dizia diretamente respeito à nossa clandestinidade. Nem na região do Gooi havia alimentos. Foi quando a minha irmã e eu nos vimos forçados a pedir de porta em porta. A única coisa que nos davam era repolho verde e como resultado passamos seis semanas à base de couve fervida com água. A minha mãe, quando ia dormir, se queixava de dor. Dava para ver as costelas debaixo da pele, de tão esquálida que estava. Entretanto, felizmente nenhum de nós adoeceu.

Na condição de jovem judeu, imagino que Albert também tivesse ficado ansioso pelo seu Bar Mitzvá. Quando lhe pergunto se estou correto, o semblante de Albert se anuvia.

— Aí está um assunto delicado — diz, sombrio. — Nessa época eu estava escondido. A última vez na guerra em que chorei foi no dia em que eu deveria celebrar o meu Bar Mitzvá. Engraçado, aliás, como a gente sempre associa a ideia de esconderijo, refúgio ou clandestinidade com um espaço subterrâneo, um porão, mas eu estava no sótão de uma casa. Enfim, fazer o quê? O meu avô sempre dizia que queria viver para ver o meu Bar Mitzvá, mas esse avô já estava morto havia muito tempo.

"No dia em questão, desenhei numa folha de papel enorme todos os presentes que gostaria de ter recebido. A lista de desenhos vinha encabeçada por uma bicicleta, já que eu tinha tido de entregar a minha aos alemães."

— E no fim o que foi que você ganhou?

— Nada.

— Nadinha?
— Nadinha.

ESCONDERIJO NA FLORESTA

O que mais me chama a atenção até agora, mais do que eu esperava, é quão diferentes foram as maneiras como cada um de nós viveu a guerra. Certas experiências supostamente parecidas às vezes divergem sensivelmente umas das outras. A pessoa com quem ainda me falta falar mais detidamente é Lenie Duyzend. Pelo que pude apreender das minhas conversas via Skype com Nanette, Lenie teria tido que se esconder numa floresta.

No dia seguinte, lá estávamos nós, sentados diante do rio Amstel, que atravessa Amsterdã. O penteado de Lenie é impecável, nem o vento consegue desmanchá-lo de verdade. Estamos de frente para a ponte — a Utrechtsebrug. Vez ou outra passa rente de nós algum barco ou pedalinho sobre o leito rebaixado do rio. A técnica dos alto-falantes hoje em dia já não é sinônimo de nada. Acima do barulho ruidoso dos motores de popa, nos alcança o bate-martelo de *techno-bass*, que se alça para bem além das margens do rio.

Lenie conta que quando criança pedalava muito por onde estamos.

— Durante o inverno, eu, a Anne e alguns colegas de classe, patinávamos no gelo nas redondezas da casa dela — diz Lenie. — Não aqui ao longo do Amstel; mais adiante, no que hoje se chama Região dos Rios. Tenho quase certeza de que a Jacqueline, a Hannah e a Nanette estavam conosco.

— Do que é que você se lembra em relação à Anne nessa época? Dela especificamente, digo.

— Eu me lembro de rirmos muito. Ela se sentava na parte da frente da sala, à esquerda, perto da janela, se não me falha a memória. Os professores também se divertiam com ela. No começo eu só a achava simpática, mas depois percebi que se tratava de uma garota bastante especial. Começou a me chamar mais a atenção, antes ela se confundia com o resto da classe. Você e o Albert também me impressionavam. Feitas as contas, pode-se dizer que se tratava de um grupo bem animado. Como disse Jacqueline, dá para ver pelos textos no livro de poesia que nenhum de nós tinha ideia do que estava nos esperando. Na minha cabeça, eu achava que tinham nos posto no Liceu Judaico e que ali ficaríamos até o final da guerra. Imaginei que fosse uma situação temporária, e que tudo acabaria bem outra vez.

— Você consegue se lembrar de alguma das restrições que lhe impuseram durante a guerra?

Lenie não precisa de tempo para responder.

— A primeira delas foi ter de usar a estrela costurada na roupa. Depois disso foi a proibição de frequentarem certos lugares. Só podíamos fazer compras em determinadas lojas, e isso só em determinadas horas. Antes de termos de usar a estrela era diferente.

"Acho que nos fizeram entregar os aparelhos de rádio, mas eu não me lembro disso especificamente. Depois foram as cédulas de identidade — calculo que isso tenha sido em 1941. Acho que também já estávamos proibidos de andar de bicicleta, porque me lembro de voltar para casa andando na companhia de uma amiga. De bonde também já não se podia andar. Mas a restrição que eu mais senti na pele mesmo foi a de ter que ficar escondida. Como estava escrito na minha cara que eu era judia, realmente tive que me enclausurar. Uma limitação imensa. O dia em que me vi obrigada a entrar na clandestinidade era um dia de semana, lá pelo final de maio. Éramos três, os meus pais e eu. Fomos parar num endereço na rua Beethoven. Os meus pais ficaram ali, eu fui levada ao Stadionkade, à beira do canal, onde passei a noite. Tive cólicas horríveis e comecei a passar mal. Imagino que tivesse relação com os nervos.

"No dia seguinte, fui apanhada por alguém e levada de trem à região do Veluwe — obviamente sem a estrela. Fiquei na casa de um casal extremamente simpático. Por um bom tempo. Até uma batida policial. Alguém tinha denunciado a presença de judeus ali e em outros endereços.

"Nessa casa, o meu lugar de dormir era uma espécie de armário subterrâneo. Ou melhor, havia um quarto com um armário dentro, um armário comum. Abrindo-se as portas, se encontrava um alçapão. Era por onde eu tinha de passar para estar no nível do subsolo. O alçapão era então fechado, e alguém colocava tachos sobre ele para disfarçar o fato de que ali dormia alguém.

"O mais amedrontador foi quando aconteceu a invasão da casa. Os boches* entraram e pediram que se abrisse o armário. Gritaram: 'E o que mais tem aí dentro?' Eu, claro, me

---

* Gíria francesa internacionalizada após a Primeira Guerra Mundial para designar pejorativamente os alemães. (N. do T.)

mantive no mais absoluto silêncio. Eles não tinham como saber que eu estava lá, porque não dava para ver nada do lado de fora. Não podiam suspeitar que ali houvesse um alçapão com uma cama embaixo. Foi eles irem embora para eu ser mandada na mesma hora para os campos de centeio, cujas flores de espiga estavam altas o suficiente para esconder a presença de alguém. Foi num desses campos que tive de passar alguns dias. Ia sempre alguém levar comida ou cobertores. Menos mal que era julho e o tempo estava bom.

"Alguns dias depois, fui levada no carro de uma tinturaria a um paradeiro desconhecido na região do Veluwe, em meio aos bosques cerrados, não longe de Vierhouten e Nunspeet. Para a minha surpresa, me deparei com cabanas construídas no coração da floresta. Uma dessas cabanas tinha três quartos do seu tamanho sob o chão, esmeradamente camuflado. Para o olho destreinado, não havia o que ver a certa distância. Tive de ficar ali por alguns meses, encoberta pelos habitantes de Nunspeet, que colaboravam ativamente. Havia os que levavam comida — pão, verduras, batatas — e tudo o que você possa imaginar, até roupas. Tratavam de nós muito bem naquele campo de refugiados. 'A aldeia oculta', como veio a ser chamada posteriormente. Nós o chamávamos até mesmo de '*Pas-op-kamp**, não só porque o nome se aplicasse à nossa situação, mas também porque ficava perto da trilha de Pas-op, nome que no passado supostamente se deveu à presença de bandoleiros, que assolavam os bosques da região.

"Era um segredo aberto no vilarejo de Vierhouten o fato de haver pessoas escondidas nas profundezas da floresta. Não

* Em holandês, literalmente "campo-do-toma-cuidado". (N. do T.)

só judeus, mas também pilotos americanos e ingleses. Até de um russo e um italiano e, a certa altura, um desertor alemão. Eu me lembro de quando ele chegou. Não sei se estou certa, mas isso deve ter sido algumas semanas depois da minha chegada. Os judeus escondidos inicialmente não deram pulos de alegria com a chegada do alemão. No final das contas, ele acabou dormindo sob o mesmo teto que eu, junto com outra família. Havia seis camas, três beliches. Aliás, o tempo estava tão maravilhoso que passávamos a maior parte do dia ao ar livre.

"Até que o campo deixou de ser um lugar seguro, após uma delação. Alguns dias antes, eu já tinha sido levada dali na garupa de uma bicicleta, juntamente com um menino uns dez anos mais novo que eu, por um membro da resistência. Então, fomos parar em Elburg, onde ficamos até o fim da guerra."

Então era verdade quando me falaram que Lenie tinha passado um tempo escondida na floresta. Para mim, ela tinha ficado numa casa perto da entrada da floresta, não na floresta em si. Que os partidários poloneses se escondiam em cabanas na floresta construídas por eles mesmos, isso sim, todos nós sabíamos.

Eu esperava que fosse ficar sabendo de muitas histórias novas ao conversar individualmente com cada um, mas por uma história assim eu não esperava.

UMA CARTA TRANSCRITA

— A Anne era uma garota bonita? — pergunto a Jacqueline. Por ter estado debruçada anos a fio sobre a história de Anne

Frank, tenho certeza de que jogará luz sobre o caráter da nossa colega de classe, mas, antes que isso aconteça, permito-me fazer essa pergunta, na verdade, de ordem secundária.

— Não acho que fosse especialmente bonita. Ela tinha, sim, um rosto interessante — diz Jacqueline, varrendo com o olhar a praça Merwede, outra vez o nosso lugar de encontro. — Também tinha uns olhos grandes, bonitos e expressivos, mas isso era tudo, na minha opinião. No seu último retrato, em que está sentada no banco da escola com os braços cruzados, ela está horrível, mas acho que isso se deve ao aparelho ortodôntico que a Anne usava na época e que deixava o rosto dela mais largo. E justamente essa fotografia, a de que eu não gosto, é a mais conhecida mundo afora. Imagino que nem ela mesma teria gostado. Há outras bem melhores.

— E no que se refere à personalidade, vocês se pareciam? — pergunto.

— Ao contrário, éramos bastante diferentes. Ela era extrovertida, e eu, introvertida. Por isso tínhamos atritos. A Anne queria que eu lhe contasse absolutamente tudo, mas eu não queria contar. Ela passava o dia tagarelando, me contava praticamente todos os seus segredos. Tinha posto na cabeça que nós éramos melhores amigas, e que então devíamos confiar tudo uma à outra. O que acontecia, na verdade, é que eu não achava ter nada de interessante para contar.

— E você também gostava, tanto como ela, de estrelas de cinema?

— Era a Anne quem colecionava todas as figurinhas e fotos de artistas, mas eu ajudava a recortar e colar, e fazia com gosto. Lembro de que estranhava que ela gostasse também das atrizes alemãs do estúdio de cinema UFA, as de cabelos loiros e compridos. Não entrava na minha cabeça. Eram as atrizes que trabalhavam em filmes nazistas, que saíam em folhetins. Marika Rökk e esse gênero de mulheres. Sem falar na Zarah Leander, apesar de não ser loira.

Pelo que me lembro da Anne e pelo que eu li no seu diário, se tratava de um menina impetuosa e cheia de vigor, que pensava mais sobre si mesma do que se costuma fazer nessa idade. Os relatos dos dias no esconderijo são cartas supostamente dirigidas a uma amiga imaginária, Kitty. Cartas de verdade enviadas por Anne para alguém real praticamente se desconhecem. Faz sentido, porque ela não teria como enviá-las do esconderijo. Uma carta enviada a Jacqueline, sim, foi conservada. Uma carta de despedida que Anne escreveu pouco antes de ir para o esconderijo com a família.

Jacqueline põe os óculos de leitura e lê a carta de despedida em voz alta. Essa carta apareceu reproduzida integralmente no livro de Jacqueline *O meu nome é Anne, disse, Anne Frank* e *Anne e Jopie*. Anne havia assinado a carta como "a sua 'melhor' amiga, Anne", acrescentando abaixo, esperançosamente "PS: Espero que continuemos 'melhores' amigas até que possamos nos ver de novo".

— Ela me escreveu essa carta logo antes de sair de circulação — conta Jacqueline. — Cumpria a promessa que havíamos feito uma à outra de escrever caso uma das duas tivesse de se esconder. A única condição era não mandar a carta nem por correio nem por meio de alguém. Só depois da guerra que a recebi do pai dela. Quando ficou claro que as duas filhas já não voltariam, a Miep Gies entregou o diário e todos os outros papéis a Otto Frank, que conseguiu recuperar também a carta que a Anne tinha transcrito no diário, em que aliás também aparece uma carta endereçada a mim.

"'Obrigada pela sua carta', escreve nela. Era a resposta a uma suposta carta minha que nunca escrevi, já que eu nem sabia onde ela se encontrava naquele momento. As pessoas com quem convivia achavam que ela estava na Suíça, porque o Otto tinha deixado em casa uma carta com algum endereço suíço. De propósito, claro, para que ninguém suspeitasse que estavam escondidos. Passei a guerra inteira sem saber onde ela estava, então não tinha como lhe escrever. Quando passou a carta para o diário, só podia estar imaginando uma carta que eu supostamente lhe teria escrito."

— Qual foi a última vez que você falou com a Anne? — pergunto.

— Foi um domingo à noite, antes da segunda-feira em que despareceram. Nós nos telefonamos. A conversa foi das mais comuns. Não tive em nenhum momento a sensação de que seria a nossa última. Não falamos sobre nada em especial, imagino, mas não me lembro exatamente da conversa. Lição de casa? Escola? Não sei mais.

Pelo que Jacqueline me contou um dia antes, sei que escapou das perseguições dos alemães de forma bem especial. É, na verdade, um relato de amor maternal incondicional com uma dose de coragem inconcebível. Digo-lhe que gostaria de ouvi-lo mais uma vez.

Jacqueline sorri e começa a falar sobre o encontro do pai e da mãe, pois foi quando tudo começou.

— O meu pai era um judeu residente em Amsterdã, e a minha mãe tinha vindo de Paris para trabalhar aqui — conta. — No início, não queria ficar na Holanda, então meu pai — acometido de uma grande paixão desde o primeiro momento em que bateu os olhos nela — decidiu pedir a sua mão em casamento, após o que ela praticamente fugiu de volta à França. O meu pai seguiu então a voz do coração e transferiu os negócios para Paris, onde eles se casaram e ela, atendendo ao pedido do marido, se converteu ao judaísmo. Depois nasceu a minha irmã. A certa altura, o meu pai quis voltar para a Holanda, e se mudaram para cá, onde eu nasci, em 1929.

— Por acaso o seu pai chegou a ter algum problema antes da guerra por conta das origens judaicas?

— A minha mãe ficou apreensiva com o que diriam os seus pais. Afinal, sabia muito bem que o pai, ao exemplo da maioria dos franceses, não via os judeus com muito bons olhos. No final, conseguiu se acomodar ao estilo de vida dos meus avós, que já logo de início o acharam um sujeito simpático. O francês dele era perfeito, tinha vivido alguns anos em Paris, então a história já começou bem, apesar de às vezes vir à tona o fato de ele ser judeu.

"É possível que isto espante você, mas o grande problema surgiu por parte da família do meu pai em relação à mamãe. A família do lado paterno era composta de judeus ortodoxos, que levantaram objeções quanto a ter uma nora católica. Ela mal falava o holandês e, apesar de se esforçar para se ater às convenções judaicas — na sexta-feira, a toalha de mesa posta e, sobre ela, a vela —, nunca foi plenamente aceita. Era o tipo de coisas que eu, desde pequena, reparava. Eu tinha duas primas do lado da família do meu pai que eram bem mais aceitas que a minha irmã e eu. A sensação era palpável. Realmente estranho que o que temiam se desse ao revés."

— E você se considerava o quê, judia ou católica?

— Católica jamais, porque lá em casa não seguíamos nenhuma tradição do catolicismo. Agora um pouco, ou até meio, judia, sim, eu me considerava. Às vezes acompanhava o meu pai à sinagoga. Vale a pena lembrar que quando os meus pais se casaram, o papai não era muito religioso, e não seguia os costumes e as tradições judaicas. Mas isso acabou mudando. Durante a guerra, o que aconteceu foi que ele recuperou a religiosidade, o que, por sua vez, causou certo distanciamento entre os meus pais.

— Você era mais apegada à sua mãe ou ao seu pai? — pergunto.

— A minha mãe tinha um jeito bastante dominador, eu tinha de fazer o que ela mandava, mas imagino que isso não significasse estar mais perto do seu coração. Mais tarde eu me desvencilhei da compulsão da mamãe. Papai faleceu em 1952. Depois do final da guerra, começaram a ter desavenças no casamento. Eu, nesses anos, me afastei de ambos, não só de mamãe. Ou seja, uma história bem complicada.

— E por que é mesmo que você foi mandada para o Liceu Judaico, se você se sentia judia só pela metade?

— Pois é, você tem razão. Mas, como eu dizia ontem, para os alemães, sim, nós éramos judeus... outra história complicada. Isso porque a mamãe se converteu ao judaísmo em Paris. Em 1928, meus pais voltaram para a Holanda. Por conta da conversão na França, a comunidade judaica ortodoxa não reconheceu a mamãe, pois consideravam o rabino de Paris demasiado liberal. O meu pai, que nunca deixou de querer que a minha irmã e eu nos tornássemos judias, deveria primeiro obter o reconhecimento da mamãe por parte da comunidade, que se recusou a aceitá-la por anos a fio. Não sei como, mas, em 1938, ele acabou conseguindo, a comunidade decidiu reconhecê-la, com o que a minha irmã e eu nos tornávamos judias. Papai ficou extremamente satisfeito, porque a conquista não valia só para si próprio, mas também para a família na França.

"Na verdade, o timing deles é que foi infeliz. Em 1940 vieram os alemães. Todo mundo deveria então atestar a origem dos avós, mas, no caso de um ou dois avós judeus, não valiam as leis antissemíticas — pelo menos, não ainda. Mas se um indivíduo estivesse registrado na repartição judaica da prefeitura, aí sim, valiam. Assim sendo, tanto eu como a minha irmã éramos consideradas judias pelos alemães. Essa foi a razão de eu ter sido mandada ao Liceu Judaico, apesar de termos avós judeus só de um lado da família, um fato que nos complicou a vida.

"A mamãe a certa altura anteviu alguns fatos. Além disso, ela acreditava nos boatos que estavam circulando. Foi quando decidiu tomar uma providência. Disse a um oficial nazista de alto escalão que o marido a tinha inscrito na repartição judaica sem que ela ficasse sabendo.

"É claro que isso não era verdade, mas foi o que ela alegou ao homem. 'Agora as minhas filhas são consideradas judias, e eu quero que o senhor desfaça o engano.' Ela conseguiu dizer isso em francês, pois teve antes o cuidado de pedir para falar com alguém que dominasse o idioma. Jogou todo o seu charme. Estava bem-vestida, com chapéu e tudo, e de fato dava para impressionar.

"'Só se a senhora conseguir apresentar as certidões de nascimento e batismo dos seus avós acreditaremos, e então podemos tirar os nomes delas da lista dos futuros deportados', disse o oficial.

"A questão ainda deu pano para manga, porque os papéis tinham de ser enviados do sul da França, que, na época, ainda não tinha sido tomado pelos alemães. No final acabou dando tudo certo, e em 1942 pudemos descoser as estrelas amarelas das roupas e os nossos nomes já não constavam no registro da repartição judaica. Foi assim que escapamos da deportação."

— E o seu pai, estava de acordo com as medidas tomadas?

— Quando a mamãe nos contou o que pretendia fazer, nos fez prometer que não diríamos nada ao papai. Achei aquilo tudo muito estranho e não estava nada satisfeita, mas tive de prometer. O papai não ficou sabendo de nada até o momento em que a história veio à tona. Foi quando ela lhe revelou tudo. Tiveram uma senhora briga. Ele se mostrava na verdade otimista e achava que a guerra logo terminaria. Não acreditava no que estava por acontecer aos judeus. Pois é, parecia mesmo inverossímil. A mamãe já falava de câmaras de gás, e eu me lembro muito bem de ela ter alertado a família do meu pai uma vez em que nos visitaram. Gritava que eles seriam mortos em câmaras de gás se não se escondessem. Eu também não entendia a que ela se referia. Na época, era uma mocinha de 11 anos.

"Um tio — o marido da irmã do papai —, que não se dava muito bem com a minha mãe, já foi logo abrindo a boca: 'Que ideia é essa? Não passa de fantasia da sua cabeça, e é evidente que nós vamos.' Isso porque tinham recebido uma intimação, a que decidiram atender. Achavam que teriam de trabalhar duro, mas que se ficassem e fossem descobertos em algum esconderijo, aí, sim, teriam problemas ainda maiores. Dizia que só nesse caso seriam castigados, o que equivalia a morrer.

"Em vista disso, não se esconderam, mas também não voltaram dos campos de concentração.

"O meu pai tinha duas irmãs e três irmãos. Todos morreram, juntamente com os respectivos filhos."

Ficamos em silêncio por alguns momentos. Chego à conclusão de que a mãe de Jacqueline deve a vida à iniciativa tão arriscada que tomou.

— Não só a vida dela própria, a minha e a da minha irmã, mas também a do papai. Isso porque a partir de 1943 ele também teve permissão para descoser a infame estrela da roupa. A essa altura, já praticamente não se viam judeus em Amsterdã. Os poucos casais que haviam restado foram todos esterilizados para que os alemães tivessem a certeza de que eles já não procriariam. Menos mal que na época houvesse médicos conscienciosos a ponto de emitir atestados falsos. Como o de papai.

— Você guardou algum rancor pelo fato de a sua mãe ter renegado as raízes judaicas?

— De forma alguma — responde Jacqueline —, porque eu sabia que assim ela salvaria a minha vida. Eram tempos de tanto medo que fiquei mais que feliz no momento em que descosi a estrela das roupas. Frequentei o Liceu Judaico até dezembro de 1942. Foi exatamente quando as dificuldades começaram a crescer. Todos os rapazes e moças acima dos 16 foram convocados, supostamente para trabalhar. As apreensões vieram só depois. Uma coisa horrível. Fiquei assustadíssima, com medo de que acontecesse conosco também. Tendo isso em vista, achei a iniciativa da mamãe mais que inteligente em fazer que não constássemos mais como judeus. O papai a princípio ficou com raiva, mas isso mudou quando se deu conta de que ele também devia a vida à destreza da esposa.

VISITA À CASA DE ANNE FRANK

Marco para as sete horas da manhã seguinte uma visita à casa de Anne Frank na companhia de Lenie e Nanette. Conseguimos autorização para entrar antes do horário de abertura para não ter de esperar na fila quilométrica diária de turistas que chega a contornar a esquina. A casa convertida em museu recebe a visita de mais de um milhão de pessoas anualmente e, às vezes, até mais de trezentas em apenas uma hora. Temos tempo até as nove para andar no museu a nosso bel-prazer. Trata-se da minha primeira visita, me ocorre ao passar sob a soleira da porta. Já não era sem tempo.

Analisamos as maquetes dos andares do imóvel ao qual pertencia o Anexo secreto. Lenie decide que relerá o livro.

— Eu estive aqui em 1945 ou em 1946, na companhia da Miep. Queríamos visitar o Otto Frank. Nesse época a casa ainda não tinha sido transformada em museu. Posteriormente, me perguntei várias vezes que sentido tinha visitar o museu, dado que eu própria tinha estado aqui na época.

Passa em revista as suas lembranças da época em que esteve escondida na floresta e, abaixando a voz, com o olhar voltado para a maquete do tão famoso esconderijo:

— Estar preso dentro de uma cidade é bem pior. Os residentes no Anexo secreto estavam literalmente empoleirados uns sobre os outros.

Subimos as escadas de mãos dadas, vagarosamente. Sobre uma parede ainda se vê um antigo cartaz publicitário. Começamos a deixar que as recordações viessem à tona, como a das mães que faziam compotas de frutas. No meio-tempo já tinha ficado sabendo que, sobretudo no caso dos morangos, era necessário acrescentar pectina, ao passo que certas outras, como as frutas silvestres e as maçãs, já contêm em si essa substância. Há circunstâncias na vida em que uma pessoa se vê obrigada a aprender detalhes bem singulares.

Chegamos a um aposento em cuja parede foi pintada uma citação do diário de Anne Frank.

— "11 de julho de 1942. Estamos em pânico de que os vizinhos nos vejam ou ouçam" — lê Lenie em voz alta. — Ou seja, quatro semanas depois do seu aniversário — diz. — No que se refere a mim, eu também não podia fazer nenhuma espécie de barulho nos lugares em que estive escondida. Nem mesmo no refúgio no meio da floresta do Veluwe. A floresta tinha sido recortada em quatro pedaços pelas barreiras de contenção de incêndio, de maneira a evitar que a devastação fosse total. É claro que havia certas leis: não nos deixavam sair nem andar pelas barreiras, porque corríamos o risco de que nos vissem. Ingleses e americanos, pilotos sobreviventes de algum acidente, acolhidos no campo tinham mais dificuldade em manter o silêncio. Seja como for, a nossa situação não era nem de longe comparável com a da Anne.

* * *

Subimos ao segundo andar, onde ficava o escritório, e em seguida ao quarto de Otto Frank. Trata-se de um espaço vetado ao público pelo fato de ainda estar ali todo o mobiliário original. E em perfeitíssimo estado.

— Então era aqui onde eles escutavam rádio — diz Nanette, ao depararmos com um aparelho pequeno e quadrangular. Logo ao lado se vê pendurada uma gravura de Frankfurt emoldurada, de onde vinha a família Frank.

— E onde está a famosa castanheira? — pergunta Nanette, que dispara para a janela do aposento decorado em tons castanhos.

— Será que ela não caiu? — pergunto. A notícia de que a célebre castanheira no jardim do Anexo secreto estava apodrecendo por dentro tinha alcançado os ouvidos até mesmo dos telespectadores em suas casas em Israel. Não ficaria mesmo em pé por muito mais tempo. De acordo com Lenie, parece que quiseram cortar a castanheira, mas que o projeto não foi adiante por intervenção de alguém, de maneira que continua de pé no mesmo lugar, provida de uma espécie de corpete metálico. Segundo Lenie, parece que agora se fala em cortar um broto da árvore a fim de replantá-lo no mesmo lugar.

— Pois me parece uma boa ideia — diz Nanette —, pena que eu não vá viver tanto para vê-la crescer.

Ficamos os três contemplando a antiga castanheira, que, sem que soubesse disso, havia se convertido em patrimônio histórico pelo simples fato de que Anne às vezes voltava seu olhar para ela.

— Na época em que estive enclausurada — diz Lenie — também gostava de olhar para fora. Principalmente na primavera, quando a natureza recobra vida.

Eu gostava de nadar, penso em devaneio, mas não me parece o momento apropriado para fazer o comentário.

Entramos então no aposento onde costumavam fabricar geleias. Examinamos os espremedores e os passadores antigos, as fibras de sabão, "um sabão especial para a limpeza de tecidos de lã", leio, além das especiarias em potes de vidro, das balanças e das garrafas de pectina.

Quando passamos para o aposento seguinte, Lenie se recorda de um momento de pânico.

— Eu estava em Oosterwolde — conta — na casa junto ao Winterdiek. Isso foi antes de me entranhar na floresta do "campo-do-toma-cuidado". Estava abrigada na casa de umas pessoas simpaticíssimas, que me deixavam até sair depois do pôr do sol para dar um passeio. Certo dia, tiveram de fazer obras na casa. Os pedreiros estavam trabalhando justamente no corredor, então tive de procurar na mesma hora um esconderijo, porque, se me vissem, logo juntariam dois com dois e concluiriam que eu era uma judia refugiada. Eu me escondi numa reentrância entre a lareira e a minha cama. Fiquei ali ajoelhada horas a fio, a salvo dos olhares dos pedreiros. No nicho diminuto onde estava, mal conseguia me mexer, e comecei a ter cãibras nas pernas.

"A certa altura, quando já havia passado bastante tempo sem que eu ouvisse aquela atroada de botas, tampouco ruídos de pessoas conversando, arfando, enfim, silêncio, parti do pressuposto de que a 'barra estava livre'. Com cautela, fui tentando me levantar da posição incômoda e imediatamente alguém abriu a porta do quarto. O meu olhar cruzou diretamente com o dele. O homem estava postado na soleira da porta, olhando para mim. Levei o maior susto da minha vida. Menos mal que o episódio tenha acabado bem.

"Só mesmo nesse dia de obras na casa que senti pânico; na maior parte do tempo eu podia fazer de fato o que me desse na telha."

— Como o quê, por exemplo? — pergunto.

— Eu passava grande parte do tempo estudando para as matérias escolares básicas como matemática e inglês. Alemão também. Recebia cartas dos meus pais, que tiveram de se transferir de abrigo a abrigo. Após ler as cartas, eu as rasgava. Isso porque já aconteceu de certas cartas guardadas servirem como prova contra os seus autores e os seus protegidos. Assim como cartas escritas pelos pais e enviadas aos filhos se tornavam uma sentença de morte. Tendo isso em vista, era imperioso não guardar carta alguma.

Escalamos uma escada íngreme até chegarmos ao andar de cima, a caminho do Anexo secreto. É só com muito esforço que consigo deslocar um pouco para o lado o pesado armário de livros atrás do qual se dava o acesso ao esconderijo em que a Anne ficou. Damos alguns passos e nos encontramos no aposento que Otto Frank, a mulher e a filha Margot utilizavam como dormitório. Anne dormia no quarto contíguo, do qual eu tinha uma ideia por conta das descrições que ela fez no diário.

Na parede ainda se veem os pôsteres e as fotografias com as estrelas do cinema, só que agora por detrás de vidros. Reconheço Shirley Temple e Greta Garbo. Veem-se também reproduções de Leonardo da Vinci.

— Olhe só, Shirley Temple! Eu adorava — diz Lenie.

— Você está lembrada de *Cem homens e uma garota*? — pergunto.

Conseguimos lembrar do filme.

Quando Lenie se posta ao lado das famosas marcas de medida de altura na parede — talvez as mais célebres mundialmente — chegamos à conclusão de que Anne não era baixa.

— Pelo que eu me lembro dela na escola, era bem mais baixa do que nas marcas — comenta Lenie. A mensagem que os traçados têm para nos passar é a de que, mesmo por detrás das janelas fechadas com pregos, a vida de Anne seguia o seu curso.

A inspeção por parte de um grupo do serviço de segurança — composto por três inspetores e o *Oberstabsfeldwebel** Silberbauer —, no dia 4 de agosto de 1944, representou o fim do esconderijo para os refugiados no Anexo secreto. Esperaram que eles pegassem algumas roupas e os levaram de carro ao quartel-general da SD, na rua Euterpe. De lá, não longe de onde a mãe de Jacqueline havia salvaguardado o futuro da sua família, foram postos na delegacia de custódia da rua Weteringschans. Na manhã do dia 8 de agosto, foram colocados num trem com destino a Westerbork, de onde foram deportados a um campo de concentração e extermínio.

Jamais se chegou a descobrir quem havia denunciado a família Frank. Alguns suspeitam de ter sido um funcionário

---

* Patente de Exército alemão mais ou menos equivalente ao nosso primeiro-sargento.

do armazém, que sempre negou qualquer participação. Na ala do museu acima do Anexo secreto se veem fotografias de Auschwitz. Vejo-me obrigado a confessar que jamais consegui pousar o olhar nesse tipo repugnante de fotografias. Só agora me dou realmente conta da magnitude dos eventos ocorridos. Projetam um filme em que quem está com a palavra é Hannah Goslar. É assim que eu a revejo inesperadamente após duas semanas.

Anne Frank foi transportada de Westerbork a Auschwitz. Já na triagem feita na plataforma ao longo de trem, decidiu-se que Anne não iria para a câmara de gás. Após alguns meses, Anne e Margot, ambas debilitadas e gravemente doentes, foram enviadas ao confuso e desorganizado campo de Bergen-Belsen.

No filme, Hannah conta como foi à procura de Anne no campo.

— *If she had known that her father was still alive...* (Se ela soubesse que seu pai ainda estava vivo) — cita em inglês. Se esse fosse o caso, pelo menos Anne conservaria a esperança e isso lhe daria ainda mais força para sobreviver ao campo.

Durante quatro meses, Anne ofereceu resistência às bactérias da febre tifoide e às privações de toda sorte. Falece no mês de março de 1945, algumas semanas antes da libertação, com 15 anos.

Nanette está postada diante das fotografias que mostram as atrocidades cometidas nos campos. Diz que, sabendo de tudo o que ocorreu, não é fácil ver fotografias de Auschwitz. As suas recordações do dito campo ainda estão profundamente enraizadas.

— E se pararmos para pensar, há muito mais do que as fotografias registraram... — diz, consternada. — A podridão e a pestilência. O clima que pairava aí. As fotos não revelam o medo e os ruídos. Vendo estas fotos parece que revivo tudo. Os cadáveres amontoados. O meu pai morreu aí, ao passo que um irmão e a minha mãe conseguiram sair do campo com vida. Fiquei só e abandonada.

"Durante a época em que estive no campo de concentração, a exemplo de praticamente todos, emagreci morbidamente. No hospital, depois de duas semanas de nutrição, ainda pesava o mesmo que uma pena."

Nanette conta que às vezes tinham de ficar horas numa fila para receber uma maçã.

— Há imagens documentando o fato que nos fazem duvidar dos próprios olhos — diz. — Já perto do final da guerra — uma sensação reforçada pelo número de aviões que sobrevoavam o campo —, os guardas começaram a perder os nervos. Foi num contexto assim que um guarda me fez sair da fila em que eu estava para obter água. Queria disparar contra mim. Nessa altura nada mais me importava: estava sozinha, o papai falecido, e a mamãe e o meu irmão transportados a outro lugar. O meu semblante apático deve ter estragado a diversão que o homem se prometia ao me assassinar. Para descarregar ainda assim a fúria, disparou para o alto.

Nanette me revela logo em seguida que até hoje tem pesadelos por conta da experiência.

— Quem passou por um campo conserva algum tipo de trauma. É difícil bloquear essa parte da mente onde estão armazenadas tais lembranças, que volta e meia acabam vindo à tona nos momentos mais bizarros. E a única coisa a fazer é tentar conviver com isso.

Descemos ao andar com as documentações, o arquivo do subsolo. É onde uma das funcionárias do Museu Anne Frank diz ter algo que gostaria de me mostrar. Tira de dentro de um dos muitos arquivos uma caixinha vermelha. Com cuidado, veste luvas brancas de borracha, antes de retirar da caixa um caderninho de capa dura, cujas páginas estavam em grande parte em branco. Observo por sobre o seu ombro. Chegando a certa página para de folhear.

— Pois vejam só! Esta aí é Freddy Coster, a minha irmã! — exclamo. Vou me sentar para prosseguir a leitura: *Querida Edith, os atos de amor / as palavras ternas e suaves / costumam trazer a maior felicidade ao menor dos lares.* A sua coleguinha de turma, Freddy Coster. Noutra página, num dos cantos inferiores: *Da data eu me esqueci, porque os camundongos roeram o nosso calendário. Até mais ver!*

— E aqui está o versinho da Margot — diz a funcionária, sem parar de virar as páginas.

— Quem era mesmo essa Edith? Colega de turma?

— Isso mesmo. Edith Jacobson era colega de turma na Jekerschool. Vinha originalmente de Berlim. Essa é a razão de os primeiros versos estarem em alemão. A certa altura veio para Amsterdã, onde teve de aprender a escrever em holandês, como os demais alunos.

— Ela continua viva?

— Não se sabe. Aliás, eu também guardo um caderninho da Escola Montessoriana, em que também consta o seu nome. — Com melancolia, me ponho logo depois a observar os antigos e admiráveis cadernos. Letras nítidas, bem-desenhadas, sem exceção escritas a ponta de cálamo.

Como caráter altamente excepcional, deixam-nos sair os três para o jardim dos fundos. Os cascalhos faziam barulho sob as solas dos nossos sapatos quando nos aproximamos de um laguinho para observar as lentilhas-d'água. A balbúrdia das risadas dos jovens esperando numa fila que parecia nunca avançar alcança os nossos ouvidos como um agradável marulhar. Também não podemos reclamar do tempo hoje, um dia holandês atípico. O sol se reflete nas vidraças das casas ao redor. Com o passar dos anos, a castanheira se agigantou acima de tudo e de todos. Se as árvores fossem seres pensantes, não deixariam de se perguntar o que todos aqueles malucos lá embaixo tanto aprontavam...

WESTERBORK

Viajo na companhia de Nanette e de seu marido John para visitar o ex-campo de concentração temporário, onde só se ficava de passagem. "Campo de rememoração Westerbork", chamam-no agora. Deste campo eram enviadas centenas de milhares de judeus e ciganos aos campos de concentração alemães. Saber que o governo holandês mandou construir esse campo ainda me deixa um ranço na boca. Antes mesmo de eclodir a Segunda Guerra Mundial, eram muitos os judeus que já haviam cruzado as fronteiras, inclusive para a Holanda, por conta do fator "tolerância". Entretanto, visto que essa Holanda tão tolerante não queria estar em pé de guerra com a vizinha Alemanha, fechou as fronteiras no dia 15 de dezembro de 1938 e decretou que todos os judeus foragidos eram *personae non gratae.* O campo de Westerbork foi construído justamente para eles, o que anos mais tarde serviu como uma luva para os propósitos alemães.

Vamos caminhando num longo caminho flanqueado por árvores frondosas. Os vastos gramados emprestam ao lugar uma aparência de parque. Não se tem de imediato a sensação de que aqui aconteceram atrocidades durante a guerra, embora o tempo não tenha conseguido apagar por inteiro o seu rastro. Aqui ainda se veem os trilhos ferroviários que conduziam os prisioneiros em trens de carga rumo a Auschwitz.

— Do que eu mais me lembro são desses trilhos — comenta Nanette —, além da comoção causada pela partida dos prisioneiros na fatídica manhã de uma terça-feira, já que tinham todas as razões para acreditar que aquilo não era coisa boa. Pelo menos é a minha impressão. Esses trilhos representam os escombros da comunidade judaica, se você quiser saber o que eu penso. Antes das suas almas que dos seus corpos. Não demorou nada para que as pessoas se dessem conta de que tudo o que lhes haviam dito era mentira. Não era para campos "de trabalho" que seriam enviados, já que se supunha que nem idosos nem crianças fossem postos para trabalhar. Levando tudo isso em conta, não era de se estranhar que pairasse algo de abominável.

Pergunto-lhe se está lembrada do dia em que chegou a Westerbork.

— Cheguei no dia 29 de setembro de 1943. Tínhamos vindo de trem comum, que tomamos na estação ferroviária

Amstel. No dia 15 de fevereiro do ano seguinte, fomos outra vez transportados de trem a Bergen-Belsen, por conta dos nossos papéis palestinos. A ideia por trás da coisa era nos intercambiar por prisioneiros políticos — explica Nanette. — Já não me lembro de quanto tempo durou a viagem até Westerbork. Só consigo me lembrar de ter visto casernas numa paisagem inóspita. Hoje em dia é um belo parque, mas, antigamente, era uma planície descampada. As casernas, o arame farpado, o trem, as neuroses e as circunstâncias em que vivíamos: tudo fazia parte do cenário deprimente. É verdade que havia muitíssimas pessoas aqui, mas, na sua maior parte, não conseguiam fazer nada além de se desesperar, agoniados com a possibilidade de também serem transportados daqui.

— Qual foi a reação da sua família quando ficaram sabendo da sua intimação?

— Ficaram mortos de preocupação, mas não havia escapatória. O que nos diziam era que seríamos levados a Bergen-Belsen, um destino considerado privilegiado. Isso porque o campo de Bergen-Belsen era chamado de *Sternenlager*, campo de estrelas. Os alemães assim se referiam a ele para manter a Cruz Vermelha a uma distância segura. Tinham pessoas em custódia que poderiam eventualmente ser trocadas por prisioneiros de guerra caso a situação exigisse. Bergen-Belsen era tido na conta de um dos "melhores" campos. É verdade, não era um campo de extermínio, mas a situação e as instalações eram todas tão precárias que não deixaram de cobrar vidas. — As palavras de Nanette parecem ter impressionado ela mesma.

— O que davam de comer em Westerbork? — pergunto.

— Não me lembro mais exatamente do que nos davam. Do que eu me lembro, sim, é de haver estado diante de um forno, porque éramos nós quem tínhamos de preparar a comida. Dos cardápios eu também não me lembro, mas sei que pão havia o suficiente para não passarmos fome, o que infelizmente mudou em Bergen-Belsen.

Agora estamos num campo florido. É quase um sacrilégio desfrutar da beleza dos tremoceiros nesta época do ano.

Nanette acompanha o meu olhar.

— Em sessenta anos tivemos tempo mais que suficiente para converter isto aqui num lindo parque, você não acha? Eu já não o reconheço como o campo de Westerbork.

Dirigimo-nos ao local onde haviam estado as barracas de punição. Se os exemplares que temos diante de nós são autênticos ou reproduções é difícil dizer. Não que para mim faça alguma diferença. Os diminutos alojamentos se encontram por trás de uma cerca dupla de arame farpado. Foi ali que Anne Frank esteve. Na condição de foragida, foi enviada à barraca de punição.

— A ela também devem ter dito que a sua situação na barraca não era nada se comparada à dos que eram mandados para Auschwitz — diz Nanette —, ainda que tudo tenha acabado na mesma. Nada além de uma grande farsa.

Pergunto-lhe se tinham algum tipo de distração nas barracas.

— Tínhamos, sim. No museu daqui com certeza encontraremos algo. Cantava-se, e eram as crianças quem mais se divertiam. O fato de se conseguir organizar certas coisas era admirável, dada a migração constante de pessoas, a massa dos que chegavam e partiam como haviam chegado. Se não me falha a memória, tínhamos a autorização de receber pacotes e embrulhos.

"A mamãe, aliás, logo pegou piolho. Eu me lembro do estado de nervos dela com o horror daquela situação. Não havia o que fazer para evitar aquela infestação. Não dispúnhamos de nenhum produto contra piolhos. Talvez fosse possível conseguir medicamentos em caso de doença, mas eu, mesmo tendo desmaiado uma vez, jamais contei com isso. Deve ter sido aí que comecei a ficar desnutrida — afinal de contas eu estava com uns 14 anos, idade em que se dá aquela esticada.

"No que se refere às instalações de higiene, só consigo me lembrar do que nem mesmo de latrina podia ser chamado. Aquilo era o nosso banheiro, com pias para lavar as mãos. Como você deve imaginar, a higiene não era das melhores. Imagino que foi por isso que mamãe pegou os famigerados piolhos.

"Foi por conta dos piolhos que eu também acabei tendo de queimar as minhas roupas, que, graças aos papéis palestinos, eu tinha podido conservar até então. Fazia o máximo possível para me manter limpa, e costumava arrancar os piolhos da roupa. Era inevitável, claro, pegar o bicho, que atacava a qualquer um."

Em certo ponto do gramado, não longe de onde estamos, se percebe o que sobrou de uma barraca. As paredes são como um tabique construído de placas de concreto. As fendas estão todas visíveis, mas não se precisa de muita imaginação para concluir que os invernos ali dentro eram glaciais, uma verdadeira provação. Mal me atrevo a pensar na sorte que tive com os refúgios em que me mantive escondido durante os anos da guerra.

Junto a outro escombro do que fora uma barraca, algumas dezenas de metros mais adiante, uma guia explica a um grupo de crianças que devem ter uns 11, 12 anos, os eventos sucedidos no campo. Na verdade, penso, é admirável que até crianças dessa idade mostrem interesse pelo assunto. Assim que a guia conclui o relato, não consigo me conter e peço permissão para fazer uma pergunta ao grupo.

— O que eu gostaria de saber é por que vocês e os seus pais, que ainda são jovens e para quem Westerbork também não passa de um pedacinho de História, se dão ao trabalho de vir até aqui, a tantos e tantos quilômetros do centro de Amsterdã? — pergunto.

Um rapazinho de camiseta verde fixa o olhar em mim e diz:

— Em primeiro lugar, a gente não veio de Amsterdã — Dá meia-volta e amarra os cadarços do sapato. O não pronunciado "em segundo" paira no ar como se numa espécie de vácuo.

— A gente veio de Geleen — complementa um rapazinho tímido. Atendendo à insistência de algum adulto atrás dele, reconhece que acha tudo muito "interessante" e "instrutivo".

Quando conto que tanto Nanette como eu éramos colegas de classe de Anne Frank, todos voltam o interesse para nós, até mesmo o menino dos cadarços desamarrados. Por questão de clareza, explico que a Anne teria hoje a mesma idade que nós. Oitenta anos. Nanette conta que foi detida aqui antes de ser deportada para Bergen-Belsen. Enquanto narra o seu encontro com Anne Frank, aproxima-se uma belezinha de menina com uns óculos de sol enormes, e tira uma fotografia de nós.

No momento em que um dos acompanhantes das crianças comenta que é algo de muito excepcional o fato de Nanette ter sobrevivido, esta última apenas sorri, aquiescendo.

— Certamente — diz ela. — Essa é uma das razões que me trouxeram para cá outra vez. As pessoas não conseguem acreditar, mas precisam saber de tudo o que aconteceu. O que vocês estão vendo aqui era uma verdadeira "máquina de extermínio". Não era parte integrante de uma guerra comum, e sim uma máquina de extermínio. É imprescindível que jamais nos esqueçamos disso e que estejamos sempre alertas para o que acontece mundo afora. O que aconteceu nessa época não deverá jamais ser esquecido.

Concluída a conversa, nos despedimos do grupo. A guia continua a explicação, dizendo que o cardápio em Westerbork — o que de imediato despertou a nossa curiosidade — deve ter sido dos menos variados, beterraba e raízes afins. Suficiente, sim, por um lado, mas demasiadamente limitado. Desprovido de proteínas. Carne, nem pensar.

— Posso tirar uma fotografia ao lado da senhora? — pede uma mocinha alta com camiseta azul-claro a Nanette. Sem esperar pela resposta, já vai colocando os braços sobre os ombros da minha amiga de cabelos grisalhos para ser fotografada por um colega, que as registra para toda a eternidade.

Retomamos a caminhada. Ela comenta que ainda há muito a ser dito sobre o campo e que nem se caminhássemos por toda a sua extensão seria possível narrar todas as histórias. Diz que dormiam em beliches, sobre algo que se assemelhava a um colchão. A incumbência que tinha recebido era a de manter a guarda sobre o campo e auxiliar os alemães.

— Nesse período foi que me ocorreu que os alemães também tinham famílias, cujo sustento eles deviam prover. Mas, ainda assim, eram eles os responsáveis pelos atos de atrocidade.

Passamos pelas ruínas do que outrora havia sido uma barraca com banheiros e pias. No lado de dentro, na altura dos joelhos, há uma placa de pedra enorme com uns 60 centímetros de espessura e furos de uns 30 centímetros de diâmetro.

— Este aqui é um dos banheiros a que eu acabei de me referir — diz Nanette. — Ou melhor, as latrinas. — Com uma expressão de nojo mal contida, dá uma volta pelo espaço de concreto.

— Era um pesadelo, sempre imundo. Só de pensar na diarreia...

Apertamos o passo para sair logo de perto dali. Uma última e derradeira vez, ela vira o rosto na direção da última barraca.

Os pássaros, sempre abundantes nessa região, trinam até não poder mais. Em ambos os lados do caminho se veem grupinhos de crianças sobre o gramado escutando atentamente o que um guia ou um professor tem a dizer.

Nanette deseja ver o monumento, e é para onde nos dirigimos agora.

— Enquanto esteve aqui, aconteceu de você encontrar algum conhecido? — pergunto, quando chegamos ao monumento, uma obra de arte erigida no local em que ficava uma antiga macieira. — Ou quem sabe até mesmo colegas do liceu?

Enquanto isso, contemplamos juntos as 102 mil pedras representando as vítimas de Westerbork.

— Colegas do liceu, não. Conhecidos, sim, eu encontrei. Na verdade, estávamos mais preocupados com nossa situação pessoal, como faríamos para sobreviver em tais circunstâncias, em meio a tantas incertezas. Quem não viveu a situação não consegue conceber a agonia de rezar para não estar na leva semanal dos deportados. Para todo o sempre.

— Você chegou a estar a par da existência dos campos de concentração e extermínio?

— Não. Nós, as crianças, não estávamos cientes de nada. Agora, se os meus pais suspeitavam ou não eu não saberia dizer. É possível, sim, e até provável, porque todos nos sentíamos avessos à ideia de sermos transportados para Bergen-Belsen. A iniciativa de fazer os nossos nomes constarem na lista palestina veio por parte do Amsterdamse Bank, onde o papai trabalhava. O banco acreditava poder proteger os ex-funcionários e as respectivas famílias. Essa possibilidade de registro só se deu por pouco tempo. Além disso, nele constavam apenas uns poucos e seletos nomes, que — se você quiser saber o que eu penso — não representavam grande coisa.

APAGANDO AS MEMÓRIAS

Chegamos ao museu de Westerbork. Diante de uma maquete do campo, Nanette aponta para onde tinha estado a sua barraca. Encontramos as latrinas cujos restos acabamos de ver.

— Vendo desta perspectiva, agora nem me parece que fosse tão difícil escapar — diz Nanette. — O problema é que não sabíamos disso.

Vejo que havia as barracas destinadas aos homens, outras, às mulheres, aos doentes. Inclusive as que serviam como escola e local de trabalho. "*Service places, private buildings*", leio em voz alta, em inglês.

— E ali ficava o orfanato — aponta Nanette. — Você conhece a história da Truus Wijsmuller-Meijer? — pergunta. — Ela foi à Gestapo para revelar a situação das crianças menores daqui, que, se já nem sabiam quem eram, não tinham nem ideia de que lugar era este. O mais provável é que tivessem vindo com os pais, detidos pelos alemães e sem documentos. Essas crianças vieram a ser chamadas de "crianças desconhecidas". Levavam uma placa pendurada no pescoço com as palavras CRIANÇA DESCONHECIDA.

"A tal Truus foi, como eu ia dizendo, à Gestapo e disse: 'Estas crianças são o fruto da união entre soldados alemães e garotas judias, de maneira que não podem ser enviadas a um desses campos de morte, porque têm também o sangue de vocês.' Se acreditaram nela não há como saber, mas o fato é que essas crianças foram mantidas em Westerbork. No final, foram levadas a Bergen-Belsen e dali a Theresienstadt. Quarenta e oito, talvez 49% dessas crianças sobreviveram à guerra, e uns 30% puderam ser rastreados."

Através das suas mobilizações e iniciativa, Truus Wijsmuller-Meijer conseguiu salvar a vida de milhares de crianças judias. Grande parte dos jovens foragidos ela já tinha enviado à Inglaterra antes da ocupação.

— E foi aqui junto à antiga macieira que tínhamos de estar a postos para que nos contassem. Em fileiras de cinco. Aquilo parecia não terminar nunca. E acontecia com demasiada frequência. Sabe de uma coisa, eu nunca descobri realmente o porquê dessas contagens tão frequentes. Para piorar, na maior parte das vezes, tinham de ser repetidas. Devia ter algo a ver com o fato de quererem lotar ao máximo os trens. Inacreditável, não é? Tratava-se de uma verdadeira operação industrial.

"No sanatório onde passei alguns anos após a guerra, falei certa vez com uma jovenzinha que tinha vivido para ver a libertação dos que estavam em Auschwitz. O impressionante é que foi salva por um triz, porque já se encontrava na câmara de gás, de onde foi retirada pelos russos. Os funcionários do campo que não haviam fugido dali pouco antes acabaram nas mãos dos libertadores. Ouvi também o relato de uma senhora polonesa que dizia ter sido retirada da câmara de gás porque nela havia mais pessoas do que os alemães consideravam necessárias."

Leio uma placa que informa que a transformação de Westerbork em centro histórico recordatório foi realizada sob as instruções de Ralph Prins, um dos sobreviventes de Westerbork.

Peço a Nanette que me descreva a aparência média dos residentes no campo.

— Qual dos dois, o de Westerbork ou o de Bergen-Belsen?

— Quer dizer então que havia diferenças entre eles? — pergunto.

— O campo de Bergen-Belsen era dividido em áreas. Eram na verdade vários campos em menor escala. Nunca tive de usar uniforme. As duchas eram de água gelada. Pelo menos eu não fui tatuada nem os meus cabelos, raspados, e eu circulava com as minhas próprias roupas. Mas havia também gente de uniforme. Daqueles listrados, sabe? Acho que essa foi a origem da minha aversão a quaisquer tipos de listras. Os prisioneiros eram divididos em classes diferentes. Alguns tinham de trabalhar. A atividade tida como a mais prestigiosa era a de ajudante de cozinha. Não estouravam os miolos dos que lá trabalhavam assim do nada.

— Como você ficou fisicamente?

— Quando a guerra acabou, eu parecia um esqueleto. Os ossos dos quadris quase despontavam sob a pele. Quando fui pesada no sanatório pouco tempo depois de a guerra acabar, estava com 32 quilos, de maneira que antes, no campo, deveria pesar ainda menos. Como se dá com as mulheres desnutridas, também deixei de menstruar. A menstruação é parte integrante do mecanismo de reprodução humano, e nós não estávamos em condições de reproduzir o que quer que fosse. Se não me engano, só voltei a ficar menstruada outra vez aos 17 anos — demorou mais de um ano até que eu estivesse saudável outra vez e alcançasse o peso mínimo para poder conceber. Estou lhe contando esse fato para que você tenha uma ideia do estado em que eu me encontrava.

Neste exato momento, me voltam à mente todos os relatos que tinha lido sobre o processo de libertação nos campos de concentração. Os prisioneiros não passavam de pele e osso. Além disso, seus estômagos se reduziram com a carência de alimentos. Comer e beber tinham se convertido agora numa questão delicadíssima, mas prisioneiros e libertadores não estavam cientes do fato. Há um sem-número de casos nos quais os prisioneiros libertos receberam dos libertadores e da população local carne, pão e água, mas que ainda assim faleceram porque os seus organismos já não conseguiam assimilar os nutrientes. Que horror deve ter sido para essas pessoas!

Quando lhe pergunto a que se deve o fato de algumas pessoas terem sobrevivido e outras não, balança a cabeça.

— Essa é uma daquelas perguntas sem resposta. Porque sim ou porque não... O tifo epidêmico era uma doença à qual se sobrevivia mesmo só em teoria, mas eu consegui me manter resistente tanto ao tifo como à pleurite e à tuberculose. Era milagre atrás de milagre. Devo ter tido na puberdade uma saúde de ferro, bem acima da média. Aliás, não faltaram os momentos em que a minha família achou que eu não fosse sobreviver.

— Você acha que a Anne teria sobrevivido se tivesse uma constituição mais forte?

— Impossível saber, mas eu pessoalmente acho que não. Estava incrivelmente debilitada. Não acredito que tivesse qualquer perspectiva. O tifo é uma doença grave, devastadora, e um indivíduo enfraquecido não sobrevivia a ela. Não acho que a probabilidade de sucumbir tivesse relação com força de vontade, porque todos tínhamos a esperança de que acabaríamos sobrevivendo. É o tipo de esperança a que as pessoas se aferravam até soar o momento final. Ela queria viver, ao exemplo de todos os demais.

— Você conseguia falar no assunto logo após a guerra? — pergunto, com cautela.

— Não — soa a categórica resposta. — É até possível que conseguisse com os meus familiares da Inglaterra, mas, pensando melhor, acabei não falando. Isso porque eles devem ter imaginado que seria melhor para a minha recuperação, tanto física quanto mental, enterrar no passado todas as recordações da guerra. Eu dependia só de mim. Tampouco havia qualquer instância beneficente que prestasse apoio psicológico às vítimas. Em vista disso, era só comigo mesma que eu podia contar.

"Na minha opinião, esse período de barbaridades, cheio de incertezas e medo, surtiu diferentes efeitos nas pessoas. Para muitos, chegou um momento em que disseram: 'Ponto final, não se fala mais nisso.' Imaginavam que dessa maneira conseguiriam enterrar as lembranças. Parece fácil simplesmente apagar fatos passados, mas — pelo menos na minha opinião — o nosso cérebro não dispõe de um mecanismo matemático. Dispõe, sim, de um botão que, involuntariamente apertado, desencadeia uma torrente de recordações nos momentos menos convenientes e a troco de nada. Cada um de nós volta e meia é assaltado por esse tipo de sensação."

No museu anexo, nos liberam acesso à sala de arquivos, acompanhados de um dos funcionários. Andamos entre fileiras e mais fileiras de armários, uma disposição espacial que não deixa nada a desejar à biblioteca de uma faculdade de Letras. O funcionário para de repente diante de um dos armários. Retira dele listas de nomes, uma das quais entrega a Nanette, que encontra o seu nome em questão de segundos. Para ter uma prova palpável de um período de horrores, deixam-na levar consigo uma cópia da lista.

PARTE 3

APÓS A GUERRA — AOS 17 ANOS

Em meados de abril, ficamos sabendo pelo rádio que os Aliados estavam a caminho. Onde, quantos, quando e com que rapidez chegariam não estava totalmente claro, mas todos tínhamos certeza de que algo estava por acontecer. Certo dia, no mesmo mês, eis que de repente escutamos, em plena luz do dia, o barulho de uma motocicleta passando do lado de fora. Devia ser um canadense.

Pelo que me lembro, os alemães eram os únicos que andavam com veículos motorizados, certamente no final da guerra. Os Aliados então sabiam que tudo o que andava pelas estradas provavelmente era alemão e dos aviões miravam as suas metralhadoras em direção a todos os automóveis e motocicletas que enxergassem.

Mas o ruído da moto não vinha acompanhado de tiros de metralhadora ou do rugido de aviões. Ninguém atirava nele, nem por terra nem dos ares. Dirigia tranquilamente pela Zwolseweg, uma longa estrada — que liga Apeldoorn a Zwolle — com vilarejos em ambos os lados.

Isso foi no dia 17 de abril de 1945.

Não passava de um único homem passando ao largo.

Eu mesmo não o vi, só o ouvi vagamente, assim como o entusiasmo que acompanhava o ruído distante do motor. A libertação era isso: o som de uma motocicleta ao longe.

O alívio que tomou conta de nós não se compara com nenhuma outra forma existente de calmante. Era incrível. A eterna, interminável e terrível guerra tinha finalmente acabado! Maravilhoso, fantástico, divino. Deveríamos ter dançado de felicidade e, se tivéssemos algo com o que comemorar, teríamos dado a maior festa de todos os tempos, durante dias, não, semanas. Mas, bem, não tínhamos nada.

Nos dias que se seguiram, volta e meia ganhávamos algum pão branco dos canadenses. Algo que já não víamos, e muito menos comíamos, havia anos. E nos davam chocolate também. Os libertadores traziam, de certa forma, o seu próprio banquete, ainda que modesto para os seus padrões. Mas, depois de tantos anos de pobreza, as comidas eram umas mais deliciosas que as outras e, para nós, não tinham nada de modestas.

Nessas semanas felizes, eu ainda vi algumas jovens de cabeça raspada, em plena rua, para quem quisesse ver. Pouco depois da libertação, ofereceram à nossa família uma casa nos arredores de Vaassen. Era uma casa de madeira onde tinha morado um membro da NSB durante a guerra. A essa altura o meu pai também estava conosco, e juntos moramos ali por alguns meses. Nesse período, papai às vezes ia até Amsterdã para ver o que havia restado da cidade e da nossa antiga casa. Ficávamos com o coração na mão, pois sabíamos que, depois de tanto tempo, o melhor seria não termos muitas esperanças.

A empresa de mudanças Puls tinha recebido, anos antes, a incumbência do governo nazista de esvaziar as casas dos judeus capturados ou foragidos. O mobiliário e outros haveres ou eram destinados aos defensores antissemitas ou levados à Alemanha. Esta ação de esvaziar as casas logo ficou conhecida, na linguagem coloquial, como "pulsar". Por razões inexplicáveis, nosso apartamento não foi "pulsado".

No início, o meu pai continuou pagando o aluguel durante a guerra, ainda que nenhum de nós morasse mais ali; com o passar do tempo, porém, se viu forçado a deixar de pagar. E não houve ninguém que lhe enviasse qualquer cobrança.

Após a libertação — ele ainda tinha as chaves de casa —, deve ter ficado imensamente surpreso e feliz quando chegou à nossa antiga moradia e viu que tudo não só parecia ter atravessado o período da guerra intacto, mas também que ninguém tinha tentado arrombar a fechadura. A chave ainda servia.

Não só a mobília — na sua maioria excepcionalmente pesada e indestrutível — ainda estava lá, também a baixela de prata continuava completa e no devido lugar. As fileiras de álbuns de fotografia permaneciam lado a lado na estante. Extraordinário, porque são inúmeras as histórias de casas de judeus foragidos saqueadas após a fuga. Não só os alemães se apropriavam com frequência dos pertences das casas de judeus, como também os vizinhos e conhecidos dos refugiados sabiam que fim dar a eles. Numa cidade ocupada, onde um relógio antigo pudesse talvez significar dois dias de alimento, não se podia esperar encontrar objetos deixados para trás sem vigilância.

A certidão de casamento não fora descoberta — através dela não restaria dúvida de minha origem. Era baterem o olho em mim para concluírem que eu não tinha só dois, mas quatro avós judeus. Se os alemães tivessem encontrado a certidão de casamento, não teriam hesitado um segundo sequer em inserir o famoso jota na minha cédula de identidade. O meu período no refúgio teria sido muito diferente não fosse esse o caso: nada de escola, de andar de bicicleta, de sair de casa... Isso sem mencionar o que teriam feito se tivessem descoberto — o que eu não gosto nem de imaginar — onde eu estava escondido.

O que aconteceu com a minha irmã, Freddy Coster, nesse meio-tempo? Eu não a via fazia muito tempo. Pensava nela com frequência, mas, assim como acontece com todas as lembranças, a certa altura passaram para um plano secundário, em meio às preocupações cotidianas. Eu me concentrava cada vez mais na realidade da minha própria situação. Aproveitava o tempo que passei nos esconderijos no interior do país para fazer algo de produtivo, tentava assim não dar vez à saudade. Sentimento que, mesmo assim, me invadia com mais frequência do que eu desejava.

Pouco depois de perceberem que a vida na Holanda se tornaria difícil, os meus pais mandaram Freddy para uma escola católica para meninas nas proximidades de Bruxelas. Um internato. Não tínhamos nenhum contato com ela. Eu mesmo não sabia exatamente onde ela estava e, durante o período de refúgio, não recebi nenhuma carta — sem dúvida por questões de segurança. Durante a guerra, Freddy sabia onde o resto da família estava, inclusive eu, mas como ficou sabendo disso eu não faço ideia.

Na Bélgica, ela se mantinha em contato com um certo rabino Klein, que oferecia assistência espiritual aos soldados americanos. Um dia, após a libertação, a minha irmã queria voltar para encontrar os nossos pais em Vaassen e disse ao rabino Klein:

— Olha, vou ficar fora por uns tempos. Vou à procura dos meus pais.

Ele teria respondido:

— À procura dos seus pais? E como você pretende chegar até eles?

— É simples, vou pedir carona.

— Você vai pedir carona? Nada disso — disse ele.

Pouco depois da ocupação, uma garota de 17 pedir carona — num período em que o país estava infestado de homens inebriados com a felicidade da vitória, com a adrenalina correndo pelas veias e procurando uma válvula de escape para as angústias reprimidas — era pedir para ter problemas. Por sorte, o rabino providenciou que a minha irmã fosse levada até Vaassen de caminhão, e pelo seu próprio motorista.

UM REENCONTRO INESPERADO

Durante as suas curtas visitas a Amsterdã, o meu pai fez com que o nosso antigo apartamento se tornasse novamente habitável. Embora nada tivesse sido saqueado, o tempo tinha deixado suas marcas. Havia poeira por toda parte, em camadas grossas e insalubres, as cortinas estavam meio mofadas e toda a casa tinha um forte cheiro de podridão, que tinha a sua origem na cozinha. O fedor era ainda mais penetrante que o mofo formado durante os quatro anos em que o imóvel ficou fechado e vazio.

Depois de o pó ter sido tirado dos cômodos, de as cortinas terem sido trocadas e de a casa ter sido suficientemente arejada para que os odores fétidos se esvaíssem, pudemos retornar a Amsterdã. Que isso tenha ocorrido dessa forma é na verdade excepcional, mas é fato notório que as coisas normalmente excepcionais não chamam assim tanta atenção no contexto de uma guerra.

Em vão, tentei, logo depois da guerra, procurar antigos colegas de turma do Liceu Judaico. Não consegui encontrar ninguém. Soube, sim, que muitos não tinham sobrevivido à guerra. Talvez alguns tivessem ido para os Estados Unidos, o que na época não era um esquema que se pudesse arranjar com tanta facilidade. Depois de algum tempo, desisti da minha busca, assim como perdi a esperança de que um dia fôssemos nos rever.

Quem eu revi após a libertação foi um homem com quem eu mais ou menos um ano antes tinha ido pescar de uma maneira bastante inusitada: Hendriks, um dos dois agentes da SS que se alojaram conosco. Depois da guerra, o sapateiro apareceu todo alegre na nossa casa em Vaassen. Contou o que tinha acontecido com ele e o seu colega da SS pouco antes da libertação. Saíram de Vaassen e pararam nas redondezas de Deventer, onde havia um local de lançamento dos famosos mísseis V2* alemães, todos voltados na direção de Londres. Pelo visto, estavam carregados de combustível.

* Trata-se aqui do chamado foguete V2 (*Vergeltungswaffe* em alemão, que significa "arma de vingança"), o míssil balístico de que se valeu a Alemanha nas últimas fases da guerra. (N. do T.)

O chefe do sapateiro, o *Untersturmführer** precisava urgentemente de gasolina para o seu carro.

— Hendriks, vá você buscar para mim — ele havia ordenado.

Enquanto bombeava alguns litros, foi apanhado por funcionários do campo de lançamento e posto imediatamente na prisão. Lá, para o seu descontentamento, foi colocado junto com os holandeses da resistência. O tal Hendriks era um jovem realmente muito habilidoso. Era proeza atrás de proeza, tanto que — se pararmos para pensar — no fundo ele não era mesmo de inspirar confiança. Hoje em dia, sem dúvida, o definiríamos como uma figura do submundo. Mas bem, Hendriks, nessa época, já estava convencido de que a guerra de fato havia terminado. A Alemanha estava do lado dos perdedores. Disso ele não tinha a menor dúvida.

Aos membros da resistência com quem conversou na prisão, ele perguntava:

— Se eu conseguir tirar vocês daqui, vocês falariam em meu favor quando a guerra terminar?

— *Se* conseguir — ouviu como resposta — faremos isso por você.

Efetivamente, conseguiu tirá-los de lá. Como, não faço ideia.

E foi assim que ele veio nos visitar certo dia, logo após a guerra, para tomar um café e, entre outras coisas, dizer que tinha achado bastante agradável o período que ficara na companhia da minha mãe, dos Van Beek e na minha. Se fazia al-

* Patente de exército alemão equivalente à do segundo-tenente em outras organizações militares.

guma ideia de que éramos judeus, jamais deixou transparecer. Caso ainda esteja vivo, talvez até hoje não saiba de nada.

Nunca consegui descobrir o que aconteceu com o *Untersturmführer* depois da guerra.

Depois da disputa por Arnhem, em 1944, todas as escolas foram fechadas. Na HBS* de Apeldoorn, consegui cursar apenas uma pequena parte da quarta e da quinta séries. Os cursos estavam divididos em dois grupos: classes A e B. Eu seguia a variante B, direcionada para a formação técnica. Na verdade, queria era ser engenheiro e, para isso, era imprescindível que tivesse formação numa escola HBS.

Após a libertação, continuei na classe B, em Amsterdã. E para a minha surpresa, lá o curso era muito mais rígido. Tirei um três em geometria.

— E essa agora por quê? — lembro de ter pensado na época. Antes, em Apeldoorn, o frequente era eu tirar dez. Infelizmente, a nota estava mesmo certa, e fui obrigado a ter aulas particulares de álgebra e geometria. A escola em Amsterdã era realmente um pouco mais adiantada em relação à de Apeldoorn.

Cursando a HBS, descobri que o meu inglês era bastante ruim quando tirei um três na prova. Posteriormente, Nijenrode resolveria de vez a minha situação.

Nijenrode abriu as portas em 1946 como Instituto Holandês de Formação no Exterior. No momento em que me inscrevi, já era um curso muito conceituado. Isso foi no verão

---

* HBS: abreviação das palavras correspondentes a "ensino secundário pré-universitário", sem a inclusão de línguas clássicas, abolido em 1968. (N. do T.)

de 1947. Eu pertenceria à segunda turma. Havia muito interesse por essa escola. Dos 1.200 inscritos, apenas noventa estudantes conseguiram uma vaga. Fui um dos felizardos.

Conseguir uma bolsa de estudos não era tão difícil. Elas eram oferecidas por empresas engajadas na área do ensino. Se bem me lembro, consegui uma quase que automaticamente. Mas nunca tive realmente a sensação de fazer parte do grupo discente do Nijenrode.

A escola mais significativa para mim, a que mais me ajudou na escolha da minha atual profissão foi, surpreendentemente, a do meu curso primário. A Escola Montessoriana (onde Anne Frank estudou) me fez consciente da liberdade que uma pessoa tem para fazer o que melhor souber fazer. O mais importante nesse processo é a perseverança. No Liceu aprendemos a não desistir rapidamente quando alguma coisa não dava certo. Por outro lado, como inventor de jogos de tabuleiro, aprendi justamente a desistir rápido, sim, quando alguma coisa não funciona. Por exemplo, quando descobrimos que um jogo criado por Ora e por mim já havia sido patenteado 17 anos antes por outras pessoas.

No dia posterior ao pedido do ministro Bolkestein para que os cidadãos mantivessem um diário, Anne Frank escreve que os seus companheiros de esconderijo quiseram avançar sobre seu diário logo depois de ouvirem a transmissão. Anne teria decidido utilizar os seus relatos praticamente diários para escrever um romance sobre o *Achterhuis**: "Imagine como seria interessante se eu publicasse um romance sobre o esconderijo do *Achterhuis*." O título então teria que ser *Anexo secreto*,

* "O anexo secreto", cf. Nota número 1. (N. do T.)

pois, ao seu ver, ficaria mais intrigante, sugerindo um romance policial.

Para mim, a solicitação do ministro passou totalmente despercebida, e eu também não conheço pessoalmente ninguém que logo depois de ouvir a transmissão radiofônica tenha começado a escrever um diário. Entre os meus conhecidos, até onde sei, não havia ninguém, a não ser que escondesse o fato e tenha mantido o diário escondido pelo resto da vida.

Diferentemente de alguns antigos colegas de turma que são citados no diário, não tive nenhum contato com Otto Frank. Um dia comprei o livro de Anne, uma segunda edição. Estavam falando muito e escrevendo belas resenhas sobre ele, e eu estava muito curioso para saber o que essa antiga coleguinha de escola tinha escrito.

A primeira vez que li o diário, meu nome ainda não constava nele. Na compilação que Otto Frank fez, mesclando a primeira versão com a versão transcrita, tornou vários nomes anônimos. Em edições posteriores, a maioria deles foi recuperada. Quando me dei conta de que Anne havia escrito sobre mim ("um dos meus muitos adoradores"), não me senti muito lisonjeado com o comentário: "é uma tremenda peste", ainda que a opinião dela sobre mim não fosse tão negativa em comparação com o que escreveu sobre o meu primo Rob Cohen: "Rob Cohen também andou apaixonado por mim, mas não aguento ele mais. É um patetinha antipático, falso, mentiroso e manhoso que se acha simplesmente o máximo."

Eu próprio me dava bem com Rob, de quem eu gostava justamente por não ser nada presunçoso. Ou, de qualquer forma, não tanto quanto Anne sugere. A mãe era ilustradora. Aliás, a família inteira sobreviveu à guerra.

Para falar a verdade, achei o fato de Anne ter escrito mais impressionante do que o que ela de fato escreveu. Achei surpreendente ver como tinha se desenvolvido como autora. Nenhum de nós na época tinha ideia de que ela se tornaria uma escritora. Na minha opinião, havia um monte de detalhes bem pueris no diário, e todas aquelas discussões no esconderijo começaram a me entediar um pouco. Mas bem, eu não tinha como fazer ideia da situação dela. Eu tinha ficado a salvo no interior, com uma mãe "postiça" muito querida, enquanto ela teve que viver por anos num espaço exíguo junto com outras sete pessoas. Um contato tão próximo e as desavenças que isso acarretava eram fatos longínquos da situação em que eu vivia.

UM FUTURO EM ISRAEL

Talvez já estivesse determinado no passado como minha vida seria mais adiante.

O meu avô por parte de pai, o avô Coster, nascido em Leeuwarden, era compositor gráfico. Tinha vindo a Amsterdã, onde fundou a gráfica Coster. Quando eu tinha mais ou menos 6 anos, ele faleceu, e meu pai assumiu a gráfica. No início, eu não estava interessado em seguir o ofício do meu pai. Já tinha planos de me mudar para Delft e lá me formar como engenheiro químico.

Meu pai teve problemas financeiros após a guerra. Durante a ocupação, a gráfica foi completamente saqueada e destruída. Ele teve de reconstruir o negócio do zero e não estava muito disposto a me pagar um curso universitário de seis anos.

— Passe então para uma escola técnica — dizia-me.

Um colega de turma da Escola Montessoriana com quem eu ainda tinha contato iria para o Nijenrode. Foi ele quem me sugeriu que eu fosse estudar lá também.

Depois do curso de dois anos, tive que prestar serviço militar. No Exército, percebi que talvez não fosse tão má ideia assim trabalhar na gráfica.

Uma vez concluído o serviço militar, fui para a Escola Gráfica na rua Dintel, em Amsterdã. Passei pelo curso sem problemas, mas, quando me formei, senti necessidade de conhecer mais do mundo. A editora Arbeiderspers imprimia o jornal local *Het Volk* e tinha muitos departamentos. Consegui fazer um estágio lá, recebendo mensalmente a quantia de cem florins. Trabalhei em diferentes departamentos, entre eles o departamento de estereotipagem. Também passei pelo departamento de revisão editorial — naquela época corrigir não representava nenhuma dificuldade para mim. Quando uma palavra estava de ponta-cabeça, por exemplo, eu via imediatamente. As páginas ainda eram montadas à mão, então dispor uma palavra de ponta-cabeça por acidente era algo que acontecia com mais frequência do que se pensa. Eles então me perguntaram se eu não poderia trabalhar durante um mês recebendo salário integral. O que era um mês se tornaram dois.

Depois disso passei um ano na Suécia. Em Öberg, uma cidade entre Gotemburgo e Estocolmo, trabalhei numa gráfica que fazia tanto impressos normais quanto especiais, como cartas de baralho. As cartas têm uma tripla camada (branca, preta, branca) de papel. Imprimia-se em dourado e outras cores — em alguns casos um pedaço de papel passava 13 vezes pela prensa. Mais tarde, trabalhei ainda em outra filial da mesma gráfica, em Estocolmo — uma cidade bonita, antiga. Fiquei lá por três meses.

Nessa época, os meus pais tinham levado os meus "pais postiços" numa viagem à Bélgica. Viajavam de carro e, numa estradinha cheia de curvas e com pouca visibilidade, tiveram uma colisão frontal com um veículo que acabava de fazer uma ultrapassagem. O meu pai teve como ferimento mais grave uma fratura do fêmur. Barend foi quem sofreu o pior impacto e ficou parcialmente paralisado. As duas mães estavam no banco de trás e tiveram ambas uma concussão cerebral. Tive que deixar a Suécia às pressas para assumir a direção da gráfica Coster.

Após três anos de recuperação, o meu pai reassumiu, e eu me tornei subdiretor. Pareceu-me uma boa mudança. A nossa gráfica imprimia a revista bimensal da NZB, a Liga Sionista Holandesa, chamada *De Joodse Wachter**. Jaap Meijer, ex-professor de História do Liceu Judaico, era o editor, e eu fui elevado a editor técnico. Como eu era um jovem meticuloso, lia todos os artigos publicados na revista. Dessa maneira, estava bem-informado sobre tudo o que acontecia em Israel. Cheguei à conclusão de que os israelenses sabiam improvisar bem. A arte era compreender isso, acreditava eu, que também queria aprender a improvisar.

Decidi ir para Israel trabalhar, e lá cheguei à Gráfica Estatal. Mas isso não foi tão simples. Como era uma empresa

---

* A Sentinela Judaica, em português. (N. do T.)

estatal estrangeira, eu precisava ter uma permissão especial da Sua Majestade, a rainha Juliana. Trabalhar para um "serviço estatal estrangeiro" era proibido, mas o trabalho que eu faria lá não poderia ser exatamente qualificado como subversivo. Em retrospecto, posso dizer com a maior sinceridade que em momento algum senti estar pondo o Estado ou a rainha em perigo.

Uma das coisas que aprendi na Escola Gráfica de Amsterdã foi a fazer orçamento. Um tal conhecimento que praticamente não existia na Gráfica Estatal em Tel Aviv. Pediram-me que fosse fazer a contabilidade de uma filial de Jerusalém. Era muito trabalho.

O homem que tinha o título de "impressor estatal" gostava de conversar comigo para melhorar o seu inglês. Depois de ter feito orçamento durante dois anos, ficou claro que eu ainda era muito jovem para receber uma promoção. Pessoas que trabalhavam lá havia mais tempo tinham que ser promovidas antes. Foi quando o impressor estatal me perguntou se eu queria que ele me indicasse para outro emprego.

No dia seguinte, tive uma entrevista na fábrica de papel. Eu faria o que chamavam de serviço externo, que era tentar resolver quaisquer problemas de ordem prática com o nosso papel. O lado bom era que eu ganharia duas vezes mais. De carro, eu atravessava o país de norte a sul visitando nossos clientes. Era um trabalho variado. A única desvantagem era a gerência da empresa ser americana, o que não contribuiu muito para aperfeiçoar a minha habilidade de escrever em hebraico.

* * *

Durante os meus primeiros anos em Israel, por volta de 1955, conheci uma jovem. Logo depois da minha chegada, era imprescindível que eu aprendesse hebraico o mais rápido possível. De manhã eu trabalhava e à tarde me dedicava ao estudo da língua. Fiz isso num kibutz perto de Jerusalém. Eu tinha ido de moto, então depois das aulas circulava para explorar a região. Havia uma ruína impressionante do castelo de Godfried van Bouillon, um famoso cavaleiro da época das Cruzadas. Também se podiam ver traços da antiga estrada romana que ligava Jaffa a Jerusalém.

No kibutz, eu estava com dois jovens americanos, entre os quais Herschl. Ele tinha um pai de criação, Dov Noj, que trabalhava na gráfica de um jornal em Israel. O senhor Noj nos convidou para conhecer o seu trabalho. Durante a minha visita à grande gráfica, não deixei de palpitar sobre tudo — eu naturalmente já havia estado numa gráfica antes. As pessoas que trabalhavam lá tinham absoluta certeza de que tudo o que vinha do exterior era melhor. Tendo isso em conta, fui imediatamente promovido a diretor técnico. Mas o que eu faço agora com as aulas de hebraico?, eu ainda pensei.

Eu estava procurando um lugar para morar em Tel Aviv. Entretanto, já tinha começado a fazer uma triagem técnica na empresa e a implantar melhorias. A gráfica, aliás, estava nas mãos dos próprios funcionários, que eram, portanto, os seus próprios chefes. No começo eles não acharam muito bom que um novato, e ainda por cima estrangeiro, lhes dissesse o que tinham que fazer.

Certa noite, o senhor Noj organizou uma festa. Herschl tinha convidado uma amiga, uma certa Ora Rosenblat. Foi aversão à primeira vista. Até que ela ficou sabendo que eu tinha ido para Israel de moto.

Eu tinha em mente comprar uma da marca Batavus — uma fábrica que agora só produz bicicletas. Nunca tinha dirigido uma moto. Quando fui buscá-la na fábrica da Frísia, me explicaram onde era o acelerador e onde era o freio. Em seguida, dei uma volta de no máximo 100 metros numa praça. Decidi que era o que eu queria. Depois de pagar, percorri de uma só vez os 100 quilômetros até Amsterdã.

A viagem de moto para Israel foi uma grande aventura, além de ser uma maneira barata de viajar. (Ademais, eu já tinha andado mil quilômetros de bicicleta pela Escandinávia e também tinha pedalado longas distâncias na França. Portanto, estava acostumado a me locomover no exterior sobre duas rodas. Uma atração congênita por aventura, que não tem nada a ver com a guerra, acredito.) Durante a viagem, eu passava as noites enrolado no meu saco de dormir.

Tinha conseguido um mapa com a ANWB, a Organização Holandesa de Tráfego, Transporte e Assistência a Viajantes e Turistas. O mapa indicava que a estrada era interrompida entre Salônica e Istambul, mas isso me pareceu um pouco exagerado. Com certeza alguma passagem haveria, mesmo que fosse por estrada de terra. Mas, de fato, a estrada acabava, e à minha frente estavam as campinas. Mesmo assim, um pouco surpreso, continuei seguindo a rota planejada — agora pelos campos.

Depois de não muito tempo dirigindo por aquela pastagem pantanosa, atolei. As rodas da motocicleta afundavam cada vez mais na lama, e uma inspeção mais minuciosa revelou que a lama tinha conseguido entrar pelos aros das rodas. Se eu fosse adiante, a qualquer momento tanto o pneu dianteiro como o traseiro poderiam se desprender das rodas, me deixando na mão no meio do nada.

Um agricultor que passava, a caminho das próprias terras, me viu ali parado. Sem falar muito, colocou a moto dentro da carroceria, perguntou para onde eu tinha que ir e deu partida no trator antes que eu pudesse dizer qualquer coisa. Foi dessa maneira que, mais tarde naquele mesmo dia, eu entraria na Turquia.

Passei a noite em Istambul, onde eu tinha um amigo com o qual me correspondia. Na manhã seguinte, retomei a viagem, agora rumo a Mersin, uma cidade no mar Mediterrâneo onde eu queria descansar por um tempo. Mas o acaso quis que as coisas fossem diferentes, pois em Mersin a Sociedade Holandesa de Estaleiros estava começando a construir um porto. Lá me tornei temporariamente supervisor de armazém na vila dos operários. Tive comida, um salário e disenteria amébica.

Uma vez recuperado, em Mersin peguei um barco para Haifa. Tinha alguns amigos lá. De Haifa continuei até o kibutz ulpan, como era conhecido o kibutz de estudos.

Os meus pais acharam ótimo eu viajar por seis meses, mas meus planos de ficar em Israel eles acharam imperdoável. No entanto, minha vida foi muito mais interessante em Israel do que teria sido na Holanda, eu imagino. Para uma das gráficas em que trabalhei, pude criar um brinde. E foi um joguinho. Seria o começo de uma nova e inesperada vida ao lado da minha esposa.

PERMISSÃO DA RAINHA

Em geral, o processo de mudança de nome de alguém é bastante difícil, mas para mim não o foi. Estando com os Van Beek, era mais que lógico que eu escolhesse um nome que, ao contrário de "Maurice Simon", não tivesse nada de judaico. O que também me incomodava nesse nome, mesmo antes da guerra, era que poucas pessoas sabiam pronunciá-lo bem. Os meus colegas de escola logo o transformaram em "Máuris" ou "Móris". A minha mãe, francófona, naturalmente sabia que a pronúncia de "Maurice" era a francesa, mas a maioria dos holandeses não fazia a menor ideia. Não havia como corrigir. O que quer dizer que eu já tinha uma certa antipatia pelo nome "Maurice". Assim que surgiu uma oportunidade de modificar essa parte da minha personalidade — eu tinha lido um belo livro cujo herói se chamava "Theo" — não demorou para que o novo nome se tornasse um fato. Pelo menos para mim, pois, perante a lei, ainda me faltava um ou outro trâmite.

No meu passaporte o nome antigo ainda constou por décadas. Com base nesse documento, obtive em Israel uma cédula de identidade com o nome antigo, ainda que todos já me chamassem de "Theo". Essa foi a razão que me levou ao cartório de registro civil em Tel Aviv para inserir este último nome entre os outros dois. O funcionário era um homem muito ortodoxo, não flexível. Perguntou em tom rude:

— E que tipo de nome é esse, "Theo"?

Respondi que tinha sido colega de classe de Anne Frank. A colocação estava inteiramente fora de contexto, e estava ciente disso, mas tinha calculado corretamente a reação que aquelas palavras provocariam. O homem fechou a boca, pegou uma caneta e soletrou em voz alta, em hebraico, o nome "Theo", e depois a quantia que eu lhe deveria pagar.

Pronto, aí estava o meu documento de identificação israelense. Faltava ainda o passaporte, pois também queria que ele fosse revisado. Isso também não se deu sem percalços, pois a Sua Majestade naturalmente não queria que os seus súditos ficassem por aí mudando de nome. Escrevi uma carta ao ministro da Justiça, na qual contava sobre a guerra e sobre como eu, por motivo de segurança durante o período em que estive escondido, tive que adotar outro nome, emendando que até a minha mãe tinha tido que me chamar assim, de maneira que o nome acabou ficando depois da guerra. Por fim, a rainha Juliana, através do ministro, me deu a permissão esperada. No meu passaporte, o nome que agora consta é "Theo Maurice Simon Coster".

Antes que eu reencontre Nanette e Lenie para visitar a nossa escola primária, penso mais uma vez no nosso encontro na praça Merwede. Não nos alongamos muito na conversa, mas comentamos de maneira profunda a influência da guerra no resto das nossas vidas. Jacqueline contou que, por causa da guerra, a sua vida acabou seguindo um rumo diferente do que a própria teria escolhido. Queria estudar na escola de artes, e ser decoradora de interiores, mas, por ter sido transferida do Liceu Judaico para uma escola regular, viu-se obrigada a pular uma série. E quando por fim foi reprovada no exame final, estava com 19 anos e já não tinha nenhuma vontade de prosseguir os estudos. Foi para a Inglaterra e mais tarde para a França aprender os idiomas. Depois se tornou encadernadora, e isso por um bom tempo e com bastante sucesso. A guerra, portanto, mudou todo o curso da sua vida, uma vez que, em vez de decoradora, passou a ser encadernadora e, posteriormente, escritora, o que, ao exemplo do que aconteceu a Anne Frank, deve ter se dado inteiramente pelas circunstâncias da guerra.

— Por causa da Anne, sem que eu soubesse que podia, comecei a escrever — disse.

Nanette contou que o seu pai sempre sonhou com uma vida completamente diferente para ela. Sentiu-se forçada a cursar uma universidade apenas para não o decepcionar. Após os estudos interrompidos no Liceu Judaico, isso não foi imediatamente possível.

— O nível do Liceu Judaico devia ser muito alto, porque é notável que eu, apesar de tudo, aos 14 anos já tivesse conhecimento básico suficiente para seguir um curso universitário no Brasil. Depois de alguns cursos complementares, fui admitida na universidade — disse Nanette.

Eu disse que isso era verdade, pois quando entrei numa faculdade cristã logo tirei dez em matemática.

— Mas isso não dependia da escola, e sim de você — disse Albert, dando risada. Em seguida nos contou que ficou três anos escondido e que nesses três anos não encostou num livro. Mesmo assim, depois da libertação, foi transferido do primeiro ano do Liceu Judaico para o terceiro de um liceu em Hilversum.

Lenie Duyzend foi para o Ginásio Vossius depois da guerra — foi difícil estar em meio a tanta garotada mais nova, lembra Jacqueline. Posteriormente, estudou medicina e se formou.

NUM CAIXÃO DE VIDRO

A Escola Montessoriana, um prédio em estilo típico dos anos 1930, não mudou muito. Atualmente se chama Escola Anne Frank. Atentamente, Nanette, Lenie e eu observamos cada detalhe do edifício que abriga a escola primária. O muro próximo à sala de aula onde eu via o tempo passar ainda é exatamente como naquela época. A superfície do muro tem uma estrutura com pequeninos grãos de vidro colorido que causam uma sensação interessante ao roçar da mão. As lembranças vêm à tona quase que por conta própria. Agradáveis lembranças. Ainda me lembro de certa vez em que distribuíram torradas coloridas*. Uma princesinha acabara de nascer: Beatrix. Em todas as escolas da Holanda, foi um grande festejo e da maneira mais tipicamente holandesa.

Só a placa na entrada da escola é nova. Nela estão os nomes de todos os alunos judeus assassinados durante a guerra. Os mais famosos são Anne Frank e sua irmã Margot.

Lenie observa que há muitos nomes. Após cada um deles está citado o campo onde a respectiva criança foi morta e a data do falecimento.

— Pela data se depreende que as crianças levadas a Auschwitz e Sobibor foram imediatamente conduzidas às câmaras de gás — diz Nanette.

Vou para o lado dela e consultamos juntos.

---

* Trata-se aqui de uma tradição típica da Holanda e de Flandres: torradas redondas cobertas com confeitos brancos de anis e cor-de-rosa, oferecidas por ocasião dos nascimentos. (N. do T.)

— Dá para ver que a Anne Frank faleceu em 1945, pouco antes da libertação — digo.

— Logo depois da libertação também morreram outras tantas pessoas — complementa Lenie. — Uma professora minha certa vez disse: "Se a disputa por Arnhem tivesse sido bem-sucedida, todo o campo de Bergen-Belsen teria sobrevivido." E é verdade, ou pelo menos é o que eu creio.

— Todo o campo de Bergen-Belsen? — pergunta Nanette. Parece duvidar.

— Muitas pessoas, de qualquer forma. O meu tio e a minha tia, por exemplo.

Neste momento, nós três provavelmente estamos pensando a mesma coisa. Especulamos sobre a percentagem de crianças no bairro da Região dos Rios que seriam judias. Estimamos que de 20% a 30%.

Ao fundo soam as vozes das crianças em salas de aula.

Continuamos caminhando. A árvore no pátio da escola cresceu muito. Preciso procurar um pouco para achar o pátio de areia, enquanto Nanette e Lenie conversam sobre as respectivas escolas primárias, reformadas ou demolidas. Nesse momento irrompe uma gritaria animada. O pátio da escola é invadido por crianças risonhas e falantes que gritam "gente velha!", apontando na nossa direção e, por razões pouco claras, correm umas atrás das outras, dando gritos de alegria.

Por uma janela, olhamos para o interior da sala do jardim de infância e depois ficamos caminhando pela escola. Talvez Albert e Jacqueline também tenham achado uma boa ideia nos acompanhar, mas infelizmente não puderam comparecer. Enfim, talvez três pessoas seja um número bom para se estar à frente de uma sala de aula com crianças pequenas. Se estivéssemos em quatro, seríamos mais velhos que as idades somadas de todas as crianças da classe, penso assim que entramos na sala de aula.

Somos saudados por uma simpática professora. Nós nos apresentamos ao grupo como antigos colegas de turma de Anne Frank.

— Criançada — diz a professora à classe. — Vejam só que coincidência! — Conta que ela e os alunos se perguntavam como Anne Frank seria hoje.

— Normal, idosa! — digo eu, dando risada. Vejo uma carteira escolar de modelo antigo, ou seja, constituída de duas peças soldadas uma à outra, a mesa e a cadeira afixada, de maneira que o espaço exíguo entre uma e outra faz com que eu tenha de me contorcer para caber. Caibo perfeitamente.

— Com cabelo grisalho e algumas rugas, chegamos à conclusão aqui na classe — diz a professora, que agora pergunta aos alunos: — E onde nós ainda a podemos encontrar?

Uma das crianças se levanta.

— Ela está enterrada num caixão de vidro, cheio de flores.

Sem que as crianças possam ouvir, Lenie murmura:

— Bem, isso nós sabemos que não é verdade.

— Se isso fosse possível... — diz a professora. — Mas ainda não chegamos a esse ponto na lição. — Ela mostra uma foto do monumento de Anne na praça Merwede.

Pouco depois, conto sobre os meus tempos na escola e sobre a festa de aniversário de Anne, que foi uma ocasião para assistir a filmes. Um menininho loiro, que o tempo inteiro futucava apaixonadamente o nariz, retira o dedo à luz do dia para analisar a magnitude da "colheita" e o põe na boca, com todo gosto.

— A que filme vocês assistiram? — pergunta uma menina. Mas o *Rim-Tim-Tim* revela ser uma figura desconhecida para a nova geração, ultrapassado por heróis mais recentes.

Hannah, uma menina esperta, com longos cabelos loiros, tem uma pergunta urgente para nós.

— A Anne era legal? — pergunta. E ainda mais enfaticamente: — Ela era boazinha?

— Na minha opinião, era, sim — respondo. — Eu queria muito ser amigo dela. Às vezes íamos juntos de bicicleta para a escola. Ela e eu, lado a lado.

— Eu já ouvi dizer que ela era uma menina impertinente.

Ah, aí está uma boa definição!

— Sim, impertinente ela realmente era — corrobora Lenie.

— Às vezes ela falava antes de chegar a sua vez — comento.

— Opa! — diz a professora, rindo. — Isso aí não nos soa familiar?

A próxima turma a entrar na sala onde nos encontramos, após a partida da de crianças de 6 anos, é uma de meninos e meninas de 12. Um dos meninos pergunta, depois de termos contado a nossa história, "se nós não éramos olhados de maneira estranha na época em que tínhamos a estrela judaica costurada nos casacos".

— Não — responde Nanette —, não acredito que fôssemos olhados de maneira estranha. Eu ainda conservo a estrela.

Mas naturalmente era muito desagradável ser obrigado a circular com ela.

— A senhora não acha ruim voltar a ver hoje em dia a estrela? Não tem uma sensação desagradável, não relembra tudo? — pergunta uma menina.

— Com certeza, mas havia coisas bem piores. A estrela era só um detalhe — diz Nanette.

Antes que ela possa contar mais, outras perguntas se seguem velozmente umas às outras: se os alemães alguma vez estiveram na sua casa, se Anne tinha muitos amigos, o que eu achei do livro dela, o que de mais querido lhe foi retirado na condição de judia.

— A minha liberdade — responde Nanette, resoluta. As crianças querem saber de todos os detalhes quando ouvem que Nanette esteve num campo de concentração. Ela conta que em Bergen-Belsen fazia de tudo para não ter que trabalhar. Era muito nova e uma vez teve que arrumar as paredes externas dos barracões no frio congelante do inverno, mas fora isso nunca teve que trabalhar ao ar livre.

Quando partimos, estávamos os três quase tontos pela quantidade de perguntas com as quais as crianças nos bombardearam.

Nós nos despedimos de Lenie. Amanhã eu a verei novamente. Com Nanette, procuro um banco ao sol onde possamos conversar com tranquilidade. Sei que ela ficou muito doente pouco depois da libertação, e estou curioso para saber como conseguiu se manter naquele período. Pergunto-lhe o que aconteceu quando ela voltou para a Holanda depois da guerra.

— Eu voltei da Alemanha de avião. A Royal Air Force transportava grupos pequenos de meninas cuja saúde naquele momento deixava a desejar. Acredito que as pessoas achavam que não sobreviveríamos a uma viagem de trem. Chegamos a Eindhoven, onde ficamos sob cuidados médicos no prédio de uma escola transformada em centro de acolhida. De lá fui parar no Sanatório Brederodeduin Santpoort, na ala de um manicômio, convertida em centro de reabilitação. Fiquei lá por três anos, até que, em maio de 1948, finalmente pude deixar o sanatório. Na sequência fui procurar uma antiga enfermeira do meu irmão, em Bennekom, no terreno de um castelo rodeado por bosques. Eu tinha que descansar, não podia ficar em pé mais que duas horas pela manhã e duas pela tarde.

"Finalmente chegou o dia em que fui considerada curada. Podia então levar uma vida normal. Em dezembro de 1946, fui passar seis semanas em Londres para visitar parentes e, em abril de 1949, me domiciliei permanentemente em Londres."

Pergunto a Nanette se Otto Frank também a visitou. Depois da guerra, o pai de Anne procurou várias amigas da filha para conversar sobre ela, sobre os tempos passados e também sobre o diário. Nanette me explica que Otto Frank tinha uma lista da Cruz Vermelha na qual constavam os nomes de todos os sobreviventes. Foi assim que descobriu que ela havia sobrevivido ao campo de concentração.

— Ele me escreveu uma carta, e eu respondi que tinha chegado a ver a Anne em Bergen-Belsen, acho que em fevereiro de 1945. Primeiro eu a vi através da cerca de arame farpado. Os campos ainda eram divididos, só mais tarde o arame foi retirado. Eu sabia que ela estava naquele campo, então fui atrás dela. Quando a achei, me contou que, durante o tempo no esconderijo, continuou a escrever o diário. Disse que queria usá-lo para escrever um livro depois que a guerra acabasse. Agora, não me pergunte como ela podia saber que o diário ainda existia.

"Também escrevi a Otto dizendo que havia conhecido no sanatório uma garota que tinha estado no campo com Anne e Margot. Disse-lhe que não acreditava que ela tivesse ido junto com as duas irmãs de Westerbork a Auschwitz, mas, de uma maneira ou de outra, haviam se encontrado lá novamente. Ela contou às duas irmãs que a mãe delas tinha sobrevivido à seleção. Escrevi tudo isso a ele."

Pouco tempo depois, Otto Frank foi procurar Nanette. Na ocasião, contou que estava pensando em publicar o diário de Anne. A sua mãe, que morava na Suíça, achava que seria uma boa ideia.

— O Otto pediu a minha opinião — conta Nanette. — Eu tinha 16 anos, o que eu poderia saber? Disse a ele: "Se o senhor acha que é uma boa ideia, vá em frente."

Otto enviou a Nanette o primeiro exemplar, impresso num papel de qualidade inferior, comum naqueles tempos. Mas ela o emprestou e nunca mais o devolveram, conta com voz de arrependida.

Pergunto o que ela achou quando leu o livro pela primeira vez.

— As coisas às vezes se dão de uma maneira diferente da que esperamos — diz Nanette, hesitante. — Vivi a mesma época e, em grande parte, passei pelas mesmas experiências que a Anne, então não achei nada de tão espetacular. Estávamos acostumados a esse tipo de história. Portanto, não teve o mesmo impacto em mim como teve em tantas outras pessoas. Na época eu também jamais poderia imaginar que ele seria, depois da Bíblia, o livro mais lido no mundo.

— O que você acha do status que o livro adquiriu com o passar dos anos?

Por um instante, Nanette tem que parar para pensar.

— De uma certa maneira, o diário promoveu o mito que por muito tempo ainda ressoou na Holanda. O mito de que o holandês ajudou os seus compatriotas judeus. E isso não é o que se vê pelo número de mortos. Aproximadamente 80% da minoria judia foi morta na guerra. Não acredito que houvesse tal percentagem de mortos se todos tivessem sido tão bons quanto dizem.

Em países como Bélgica e França, as percentagens ficaram em mais ou menos metade das nossas. Não ouso dizer que essa cifra dramática da Holanda se deva a uma posição menos solidária da população. A França e a Bélgica no início da guerra tinham como desviar para o sul — para a Holanda essa possibilidade não existia. Isso deve ter tido um peso considerável. Além do mais, a Holanda não só tinha um conselho *militar* nacional-socialista, mas também um conselho *civil*, o que fez com que a ameaça do antissemitismo estivesse presente em toda parte. A Bélgica e a França tinham apenas um conselho militar alemão. Isso não muda o fato de que a alta percentagem de vítimas judias — quatro em cada cinco — seja um dado irrefutável ainda hoje capaz de deixar qualquer um de estômago embrulhado.

Quando Nanette voltou da guerra, estava doente demais para ficar irritada, conta. Mas o sofrimento estava ali, presente.

— Perguntava-me por que logo eu tinha sobrevivido, enquanto tantos outros haviam morrido. Foi muito difícil aceitar que ninguém da minha família tivesse sobrevivido à guerra além de mim.

Inicialmente, Nanette não sabia o que tinha acontecido com os pais. Tinha sonhos nos quais o pai lhe indicava um lado para o qual deveria seguir, enquanto o resto da família ia para um outro lado. Inconscientemente, já tinha se acostumado com a ideia de que ninguém mais tinha sobrevivido, presume hoje. Com efeito, ela perdeu praticamente toda a família na guerra.

— Os meus pais, o meu irmão, os meus primos... — Nanette fixa o olhar no vazio. — O papai morreu no dia 4 de novembro de 1944. Suponho que, da nossa família, ele era a peça mais importante no contexto do intercâmbio de prisioneiros. Ficou então claro que os alemães, aparentemente, já não estavam tão interessados em nós. No dia 4 de dezembro, o meu irmão foi deportado para Oranienburg e no dia 5 de dezembro foi a vez de mamãe partir com destino a Beendorf. Lá ela trabalhou em uma fábrica, 500 ou 600 metros abaixo do solo, onde fabricava peças para aviões junto com outros prisioneiros estrangeiros. As condições eram horrorosas. Mesmo assim, ela ainda fez mais uma viagem de trem, de Beendorf para Hamburgo, e de lá seguiu para a Suécia. Morreu durante esta viagem. — Isso aconteceu pouco antes da libertação.

— Você ainda se lembra da última vez que a viu?

— Sim, foi no dia 5 de dezembro de 1944, em Bergen-Belsen, quando foi arrancada dos meus braços.

Nanette ficou sozinha, desamparada. A guerra fez dela órfã aos 15 anos. Quando não há ninguém que faça por nós, é preciso aprendermos a cuidar de nós mesmos. Ela imagina que isso a tenha transformado numa outra pessoa.

Depois da libertação, a burocracia holandesa voltou como se nunca tivesse deixado de existir. Foram instituídas regras e determinações que não eram do interesse dos sobreviventes dos campos de concentração.

— Quando estava doente, descobri que o governo tinha bloqueado a minha conta bancária — explica Nanette. — Eu podia contestar, mas me deixaram claro que a chance de ganhar era nula. Na época, a minha família na Inglaterra me ajudou. Existia um sistema internacional no qual cupons podiam ser trocados por selos. (A minha família na Inglaterra me enviava esses cupons e, apesar de eu estar doente e de cama, consegui fazer um acordo com o correio para trocá-los por dinheiro em vez de selos. Uma loucura.)

"Por fim o Amsterdamse Bank me auxiliou a recuperar o dinheiro. Uma outra regulamentação que não era muito favorável para os antigos refugiados era uma diretriz que definia que, se os pais não fossem buscar os seus filhos dentro do prazo de um mês, só poderiam ter novamente a sua guarda se fossem considerados mentalmente capazes. Essa regra foi realmente implementada!"

Na época Nanette ignorava essa lei. A sua família na Inglaterra, sim, a conhecia e ficou completamente paranoica com a ideia de que talvez não pudessem recuperar a sobrinha. Ela só ouviu falar disso em 1991, quando foi organizado o Simpósio de Crianças Refugiadas. A partir daquele momento compreendeu por que a sua família havia ficado "tão neurótica", como ela mesma diz.

— Certa vez conversei com um psiquiatra — conta Nanette. — Ele me disse: "Se você resistiu a tudo o que lhe aconteceu, não é um psiquiatra quem vai lhe dizer o que tem que fazer." — Nanette ri.

— Mas depois da guerra você realmente não precisou de um tratamento ou algum tipo de acompanhamento? — pergunto.

— Bem, não existia nada naquela época. Talvez eu precisasse. Mas não sei como eu seria hoje se tivesse sido tratada. Na Inglaterra eu não tocava no assunto. Um primo uma vez me perguntou se eu por acaso queria saber as coisas que dizia enquanto dormia. Não quis saber. Só conseguia conversar e trocar experiências com pessoas que tinham passado pelo mesmo que eu. Em Londres isso não era possível.

APAIXONADA EM LONDRES

Londres seria a cidade onde ela, após uma reunião de sionistas, conheceria o futuro marido. Conta que foi uma sorte não conhecer o bairro onde estava naquele momento.

— Quando o encontro terminou, ouvi alguns dos presentes dizer que iriam voltar pela estação rodoviária de Golders Green. Não sabia direito como voltar para casa, mas, uma vez lá, eu descobriria. Então me virei para alguns desses presentes e perguntei: "Se forem à estação rodoviária Golders Green, posso ir com vocês?"

"Um jovem me olhou e disse: 'Senhorita, eu a levarei e a acompanharei pessoalmente até o ônibus.'

"Era John. Ele já tinha me visto sozinha. Uma moça magra, jovem, solitária, trajando um vestido de verão azul.

"'Você já tem namorado?', perguntou assim que nos sentamos.

"'Não', respondi.

"'Sei. Bom... não que você faça o meu tipo...'

"Mais tarde ele me contou que isso foi um mecanismo de autodefesa, e que, naquele momento, pensou que, se alguma vez me encontrasse novamente, se casaria comigo. Dito e feito: uma semana mais tarde, ainda em Londres, uma verdadeira metrópole, com milhões de habitantes, os nossos caminhos se cruzaram novamente.

"'Ei!', chamou ele. 'Você não é a moça que eu acompanhei até o ônibus?'

"'Sim, obrigada mais uma vez pela ajuda', respondi. 'Agora eu vou andando.'

"E saí. Mas bem, ele obviamente havia tramado algo e decidiu entrar em ação. Quando chegou em casa, foi tentar saber por um amigo com quem estivera no encontro quem eram as pessoas que estavam lá naquele dia. Conseguiu saber meu nome e o número do meu telefone.

"No primeiro telefonema, me perguntou se eu queria ir a um concerto naquela sexta-feira. Expliquei que na nossa família ninguém saía às sextas pela noite. Depois telefonou para o meu trabalho e dessa vez eu disse que estava muito ocupada, que não podia falar com ele.

"Mas o homem não se dava por vencido: 'Tenho ingressos para um concerto.' O que, por sinal, não era verdade.

"Após essa conversa, telefonei para a minha tia. 'Aquele moço me ligou de novo. E agora?'

"O que eu não sabia era que ela já havia sondado uma e outra coisa sobre ele. Aparentemente, achou que estava tudo em ordem, porque disse: 'Saia uma vez com ele, e se não gostar é só você deixar isso claro.'

"Mais tarde, John me telefonou novamente. Contei-lhe calmamente que trabalhava no centro de Londres, no Bank of England, mas de repente não pude mais me conter e emendei rapidamente que poderia dar uma escapada e o esperar em frente ao banco. Foi assim que tudo começou."

Nanette contou que John não tinha ido sozinho para a Inglaterra, que estava acompanhado do primo. Os pais tinham morrido, anos antes, de câncer. O primo foi a testemunha de casamento de John.

— Quando eu estava a ponto de entrar na sinagoga, de repente me dei conta de que nenhum dos meus familiares me apoiaria, com palavras ou feitos. Por que então deveria me casar?, eu me perguntava. Por que formar uma família? O que aconteceria aos meus filhos? Esperaria por eles o mesmo destino que tiveram todas as crianças judias enviadas às câmaras de gás?

Só quando viu o noivo teve coragem de seguir adiante. Mais tarde se mudariam para o Brasil, para viver perto da família de John, a qual vivia no país havia mais de cinquenta anos.

— Temos cinco netos e um bisneto a quem posso mostrar as fotos antigas de família. Aliás, é um milagre que eu ainda as tenha, porque os alemães, é claro, deveriam tê-las levado quando esvaziaram a nossa casa. Mas se esqueceram de uma única caixa — a caixa com as fotos. Os vizinhos a tiraram do nosso andar e a guardaram durante toda a guerra.

— Você já cogitou voltar a viver na Holanda? — pergunto, cauteloso.

— Não — responde, resoluta. — Por tudo o que aconteceu aqui. Não me atrai. — Posso imaginar que seja assim mesmo. Nanette já teve problemas suficientes aqui: as dificuldades para sair do sanatório e depois as dificuldades para sair da Holanda. Além disso, John tinha família no Brasil. Por que ele viria morar num país estranho, desconhecido?

UMA NOTÍCIA DIFÍCIL

Jacqueline se lembra da libertação não só como um grande alívio, mas também como um capítulo da sua vida no qual recebeu notícias muito tristes para assimilar. A sua querida amiga Anne, que durante anos ela acreditou que estivesse em segurança na Suíça, não tinha sobrevivido à guerra. O pai de Anne teve a difícil tarefa de contar a verdade a Jacqueline.

— A primeira vez que o Otto Frank nos visitou, fiquei surpresa de que ele tivesse vindo sozinho — conta Jacqueline. — "Onde está a Anne?" Durante a guerra não me preocupei com ela em nenhum momento. Achei que estivesse na Suíça. Então, quando ele apareceu sozinho diante de nós, magro e triste, não compreendi mais nada. Contou que eles não tinham ido para a Suíça, e sim se escondido na tal casa da Prinsengracht.

"'Fomos delatados e retirados de lá', disse. 'Minha mulher está morta — morreu já em Auschwitz. Não sei nada de Anne e Margot. Espero que ainda estejam vivas."

"Naquele momento, de vez em quando ainda voltavam pessoas dos campos de concentração, e ele lhes perguntava se tinham visto as suas filhas. Demorou algumas semanas até que entrasse em contato com duas freiras em Roterdã. Ele as procurou, e elas lhe disseram: 'Sim, nós as vimos, e as vimos morrer.'

"Ele esteve várias outras vezes na nossa casa. Pouco tempo atrás ainda me perguntava se ele realmente nos tinha visitado tantas vezes como me lembro, e então tive a oportunidade de folhear os seus diários, que eram mais um tipo de agenda. Ele vinha muito à nossa casa, às vezes duas vezes por semana. Então me levava para o centro, porque não queria falar sobre Anne na nossa casa. Assim que me via, começava a chorar, sempre. É compreensível que estivesse terrivelmente triste. Mais tarde, também falei com a mulher que lhe contou a notícia: 'Foi tão difícil para mim contar a um pai que as filhas estavam mortas! Um pai que ainda tinha esperanças de que elas estivessem vivas.' Ele ficou muito triste, e eu tive muita dificuldade em lidar com aquilo. Um tempo depois ele me levou até o anexo secreto, antes de o imóvel ser transformado em museu.

"As pessoas às vezes me perguntam se não fiquei o tempo inteiro pensando em Anne quando estive lá. Talvez pareça estranho, mas preocupada eu fiquei mesmo foi com ele, como estaria se sentindo, por ter se refugiado ali com a família e ser agora o único sobrevivente. Isso foi o que mais pensei naquele momento.

"Emocionada mesmo eu ficaria bem mais tarde, quando Otto me mostrou as cartas originais que a Anne tinha escrito para mim e — como não pôde enviá-las — transcreveu no seu diário. Da primeira vez, recebi uma cópia datilografada das cartas, e já foi bastante impressionante. Mas quando, em

1970, pude ver o diário que Otto tirou do cofre especialmente para a ocasião, aí fiquei mesmo muito emocionada.

"Anne era otimista nas suas cartas para mim. 'Espero que, até que possamos nos ver novamente, continuemos a ser "melhores amigas"', escreveu. Ela acreditava que a guerra logo fosse acabar.

"Acho que se sentia feliz com o seu diário, ao qual podia confiar tudo. Ela se sentia solitária em meio a tantos adultos, pelo que entendi. Esse deve ter sido o motivo de ter inventado uma carta que eu supostamente lhe teria escrito — o que achei muito triste. Também escreveu cartas a amigas imaginárias, simplesmente para se sentir cercada de amigos. Realmente acredito que se sentia muito só.

"Por outro lado, Anne queria ser famosa, ela mesma escreve sobre isso no diário. Acho que combinava com a sua personalidade: ela se achava o centro do mundo. Achava o tempo todo que todos os meninos da turma eram apaixonados por ela. Nunca percebi nada disso, mas talvez fosse só minha maneira de ver as coisas. Mais tarde conversei com vários meninos da turma que sobreviveram, Rob Cohen, por exemplo, que disse: 'Ah, a Anne achava que todos os meninos eram apaixonados por ela.' Acho que ela acreditava mesmo nisso, pois, que eu saiba, tudo que escrevia no diário era muito sincero. É claro que os meninos a deviam achar muito legal, pois era realmente muito divertida e simpática.

"Hello era um menino com quem ela foi certa vez caminhar. As amigas, é claro, viram tudo, e Anne, por sua vez, achou a situação muito engraçada. Dava uma espiada de lado para ver se nós ainda estávamos prestando atenção. Uma vez ouvi Hello dizer em uma entrevista na televisão que ele era na verdade apaixonado por Margot, que era, porém, inacessível. A Anne ele achava engraçada."

— E Anne era apaixonada por alguém? — pergunto.

— Acho que não.

— E você?

— Eu? Sim, houve um garoto que eu achei muito interessante, mas que, infelizmente, não voltou da guerra. Uma vez me deu uma pulseirinha, e eu a tenho até hoje. Ele se chamava Jopie de Beer. — Ela ri. — Mas apaixonada de verdade? Meu Deus, eu tinha 12, 13 anos. Não sei. Ele tinha algo que me atraía.

— O que Anne diria se soubesse que você agora escreve e dá palestras sobre ela?

— Sou convidada para falar principalmente na Alemanha. Isso é particularmente interessante para mim, porque lá sempre tenho um público muito atento. Quero muito contar sobre aqueles tempos, e as pessoas me escutam porque falo sobre a Anne. Ela acharia tudo maravilhoso, o foco voltado para ela. Teria achado fantástico receber a atenção que recebe hoje, saber que o endereço do refúgio leva o seu nome e que todos, em todo o mundo, a conhecem. Teria achado maravilhoso.

"Uma menina certa vez me perguntou o que a Anne acharia do fato de eu fazer hoje o que faço. Tive que pensar muito sobre a resposta, mas acho que ela ficaria muito contente com todo o meu engajamento. Surpresa, mas contente."

GRADAÇÕES NO SOFRIMENTO

Enquanto eu, indiretamente, me dei conta da libertação pelo ruído de um motociclista, Albert a recebeu de uma maneira um tanto mais direta: através do rádio.

— No meu último endereço de refúgio, aprendi a fazer receptores de cristal — conta Albert. — Então eu pegava até o canal inglês. Certa noite, foi anunciado que os alemães tinham se rendido. O meu pai foi para a rua junto com um monte de outras pessoas em Emnes. Nesse dia, os seus sapatos arrebentaram, pertences quase insubstituíveis durante a ocupação. — Albert me conta isso como se não confiasse inteiramente na tão simbólica coincidência. — Verdade ou não, naturalmente, continua sendo uma boa história.

— Dois dias depois que se ficou sabendo que os alemães tinham se rendido, americanos e ingleses irromperam no nosso vilarejo. No dia seguinte, ainda apareciam alemães batendo à nossa porta para controlar os documentos de identidade. No dia seguinte à libertação, ainda não ousávamos sair de casa. Eles ainda podiam nos executar ali mesmo, era muito simples.

"Após a guerra, comecei novamente a frequentar a tal escola em Hilversum. Lá, andava durante o recreio em meio a outras crianças que, como eu, tinham passado pela guerra, mas não por três anos de perseguição. A consciência do fato de ter tido que viver por alguns anos em condições extremamente precárias me batia forte naqueles momentos. Tinha perdido a minha família praticamente inteira, morava num lugar estranho, tinha passado três anos correndo risco de vida e não tinha ninguém com quem pudesse falar sobre o assunto. O primeiro dia de aula foi um dia muito triste para mim.

"Só há uns 15 anos realizou-se em Amsterdã um congresso sobre crianças refugiadas na infância durante a Segunda Guerra Mundial. Era um espaço em que poderiam falar das suas experiências. Até então, prevalecia a visão de que, se uma pessoa só tinha tido que se esconder, na verdade não tinha passado por nada, pois os campos de concentração eram muito piores. E mesmo naquele congresso tive a nítida consciência de que estive refugiado, mas na companhia do meu pai, da minha mãe e da minha irmã, e nós quatro conseguimos sobreviver. Os que circulavam pelo congresso na época eram todos crianças abandonadas em algum lugar pelos respectivos pais, além da grande parcela dos que tiveram os pais assassinados. Em comparação com outras crianças refugiadas, acho que a minha história não se destaca especialmente. O que me aconteceu, então, não podia ser classificado de tragédia. Passei três anos escondido com a família e todos os quatro saímos vivos... Não acha isso por si só fantástico?

"Mas as coisas não são bem assim. Era como se houvesse gradações no sofrimento. Como se um sofrimento pudesse ser considerado mais profundo que outro. Sabemos que não é assim. O fator decisivo é como você próprio encara uma situação, mas era como lidávamos com os fatos. O pior era ter passado pelo campo de concentração; depois disso, haver se refugiado como filho de uma família numerosa e ter sido o único a sobreviver. Diante disso, a nossa situação era um caso menos grave, achávamos. Mas eu perdi, sim, três quartos da minha família.

"Pouco se tocava no assunto, mesmo alguns anos depois, quando já tínhamos nos mudado novamente para Amsterdã. Havia alguns alunos judeus na minha escola, mas nunca falávamos sobre o que nos tinha acontecido. Estamos falando de 1947. Só muitos anos mais tarde conversei com uma mulher que estava na minha sala naquela época. Ela tinha passado por uma experiência trágica na família, mas na época da escola nunca soube de nada. Simplesmente não se falava a respeito."

A IMPORTÂNCIA DOS CABELOS LOUROS

Elburg, o local do último esconderijo de Lenie Duyzends, foi libertado no dia 19 de abril. Diferentemente do que eu esperava, não nos pusemos a falar sobre sentimentos de felicidade, mas sobre parentes que não conseguiram sobreviver, sobre as dificuldades de viver refugiado e as muitas delações, que custaram a vida de tantos judeus.

— A minha avó foi assassinada ou morreu no trem para Auschwitz — diz Lenie. — E uma irmã da mamãe foi assassinada com o marido e os quatro filhos em Sobibor. Os pais de uma prima minha também foram mortos em Sobibor, assim como um irmão da mamãe, junto com a esposa e o filhinho.

"Quando em 1941 todos os judeus tiveram que se apresentar e preencher documentos sobre as respectivas origens, muitas pessoas não o fizeram. Posteriormente ficou se sabendo que muitos dos que não o fizeram sobreviveram à guerra. A consequência disso tudo foi que estávamos registrados em grande número, com dados sobre endereço, nome e sobrenome. É claro que muitas pessoas aparentavam de imediato ser judias, mesmo sem a estrela, de maneira que só por andar pela rua já nos púnhamos em perigo. O meu pai tinha que ficar sempre dentro de casa, pois estava escrito na cara que era judeu, ao passo que a mamãe podia circular pela rua, pois era loira e sem aparência de judia.

"O pior e o mais mesquinho era pensar que a maior parte da população holandesa se mantinha indiferente. Muitos nem se atreviam a acolher um judeu em casa, se fosse o caso de a situação familiar a princípio permiti-lo. Antes de chegar a Elburg, ainda estive alguns dias com outra família: um casal com um filhinho de 2 anos. A mulher estava nos últimos meses de gravidez e acabou perdendo a coragem. Compreensível. Depois de alguns dias, fui mandada para outra família."

— Você tem a sensação de ter perdido uma parte da sua juventude?

— Uma parte, sim. No esconderijo havia fortes restrições e por isso havia pouca interação. Quando cheguei ao campo de refugiados, aí, sim, havia interação, principalmente entre judeus. Foi bom poder falar com alguns companheiros de infortúnio e não precisar mais estar sempre enclausurada. Estive ao todo menos de dois anos refugiada. Toda vez que era ameaçada de ser delatada, conseguia, de uma maneira ou de outra, escapar. Os delatores recebiam dinheiro pelas delações, mas às vezes a descoberta de um esconderijo também se dava por descuido dos próprios refugiados. Talvez também das pessoas que escondiam os refugiados nas suas casas. De qualquer forma, muitas pessoas foram delatadas. O número oficial parece ser o de um terço, mas tenho a sensação de que metade de todos os judeus que se refugiaram foi delatada.

Ficamos em silêncio. Pergunto-me por que Lenie foi tantas vezes delatada — teria sido devido ao tamanho do campo de refugiados em que ficou? Mais uma vez me considero felizardo no que se referia à minha situação pessoal: o sobrinho do professor de Amsterdã, com os documentos de identidade isentos do infame jota. Para mim foi relativamente simples manter a minha identidade em segredo — porque, sendo a nossa existência desconhecida, também não havia muito o que delatar.

EPÍLOGO

Toco a campainha da casa onde na época fiquei escondido. Estou curioso para ver se os atuais moradores conseguem me ajudar a reconstruir fatos do meu histórico. A possibilidade de que me reconheçam é mínima, mas talvez conheçam alguém que tenha vivido em Vaassen no período da guerra. A um lado da porta de entrada se vê um buquê de flores secas emoldurado em madeira de pinho. Uma senhora simpática abre a porta. O marido, um homem de 73 anos, está em casa e pode me receber. Em 1966 a casa passou dos Van Beek às suas mãos. Fizeram muitas obras na década de 1970. O edifício da escola ao lado não existe mais. O homem consegue se lembrar de mim, por mais minimamente que seja, quando lhe conto que tinha me feito passar por sobrinho do professor.

— Fica difícil reconhecer você assim, com tanta barba. Ou será que você já a tinha aos 17 anos de idade?

Pergunto-lhe se ainda conhece pessoas daquela época. Diz que sim, como não? A sua memória, ao contrário da minha, continua aguçada. Juntos fazemos uma lista de nomes, entre os quais não há ninguém que eu desconheça. Além disso, trata-se de pessoas que já se foram desta para melhor, um após o outro.

Exclamamos repetidamente quanto tempo passou desde então. Uma descrição completa dos eventos é absolutamente impossível, sobretudo quando penso quão difícil já é desenterrar o nosso próprio passado. Reitero a pergunta sobre se há alguém que porventura ainda possa se lembrar de mim.

— Até tenho certas pessoas em mente, mas todas já faleceram — diz.

— Querido, você se esqueceu da Teuntje Beekhuis.

— Ah, é verdade! Você está lembrado dela?

Mas o nome não me diz nada.

— Não muito. Talvez bem vagamente. Tenham em conta que para mim também já faz 60 anos. Ela vive longe daqui?

— Não, logo aqui ao lado, numa casa geminada. Tenho certeza de que ela gostará da visita.

Sr. T. Beekhuis, leio ao lado da campainha. Assim que digo o que me traz até ali, a porta se abre. Subo pelo elevador e saio num corredor em que desembocam inúmeras portas. Rindo, a senhora Beekhuis abre a sua.

— Aposto que você não se lembra de mim, não é? — pergunta.

Perspicaz da parte dela.

— Não assim logo de cara — digo —, mas me alegro de encontrá-la outra vez.

— Então é recíproco! Eu conheci você bem pequenino — diz, indicando com as mãos quão pequeno eu era. A sobrinha, uma senhora com colar de pérolas e aparência de estrela de cinema dos anos 1950, me é apresentada como Betty Vos.

— Qual é exatamente o propósito da visita? — pergunta Teuntje. Explico que estou apenas curioso para encontrar alguém que tenha me visto no período em que estive refugiado e que talvez possa me contar algo sobre aquela época.

— Durante toda a guerra, moramos na alameda Juliana. Um casal judeu também se escondeu lá. — Ela conta que a sobrinha Betty ficava no quarto com eles. Quando chegavam visitas, ela ia logo fechando a porta do aposento.

— Eu quase não me atrevo a perguntar... — começo. — Tenho 78 anos. Qual a idade da senhora?

— Oitenta e quatro, no mês que vem. Só um pouquinho mais velha — diz, rindo.

Conta que me viu no enterro do sr. e da sra. Van Beek. Na ocasião não nos falamos.

— E olhe que eu ainda tinha dito à Betty: "Puxa, aquele não é mais o mesmo Theo. Ele mudou tanto!" Você estava de barba, e eu, é claro, o conhecia apenas como menino. Um menino vivo e falante. Já nem me lembro se você participava de algum grêmio ou algo assim. Não que houvesse muitos deles durante a guerra, é claro.

Conto sobre o nosso clube de aeromodelismo e sobre o trabalho que faço hoje, como inventor de jogos. Talvez os seus filhos tenham brincado com eles.

Quando conto que fiquei com os Van Beek até o final da guerra, Teuntje comenta que foi arriscado, já que eu frequentava a escola normalmente.

Conta ainda que na sua casa também havia judeus escondidos, entre eles a senhora Van Tijn, que ia buscar dinheiro com um parente em Amsterdã para os mantimentos destinados aos refugiados. Quando a sra. Van Tijn pegava o trem para encontrar a família, a irmã de Teuntje a acompanhava.

— Mas até hoje a minha irmã às vezes diz que não entende como a nossa mãe a deixava ir a Amsterdã buscar o tal dinheiro. E eu ainda tenho curiosidade de saber a quantia que eles tinham que pagar. De qualquer forma, acredito que nunca foi muito.

— Se bem me lembro, a minha mãe ia todos os meses à casa da família Van Deelen para pagar 68 florins. Este era o dinheiro que os Van Beek recebiam, mas tenho a impressão de que também o teriam feito de graça. É como eu costumo dizer: os meus pais me deram a vida, mas os Van Beek me mantiveram vivo.

— Já não me lembro de como era na nossa casa. Em determinado momento, os refugiados já não tinham mais como conseguir dinheiro. Aí tudo passou a ser mesmo na base da boa-fé. Após a guerra eles reembolsariam os custos. Além disso, mantivemos contato até o fim. Eles foram aos nossos casamentos, tanto do meu irmão quanto da minha irmã.

— Então eles podiam andar livremente por Vaassen?

— Não. Podiam, sim, ir até a casa de alguma outra família, mas só à noite, no escuro. Fora isso, não saíam. Nós as acolhemos por apenas três semanas, após o que foram para um endereço em Emst. Todos pensávamos que a guerra terminaria logo. O meu pai certa vez disse que a nossa casa era feita de elástico, que podia se esticar até que coubessem todos. Para o dia, fizemos um esconderijo no assoalho, onde eles poderiam entrar em caso de batidas.

"Também tínhamos um rádio que os ativistas da resistência vinham escutar. Ficava no corredor. Os refugiados então apanhavam fragmentos das notícias de dentro do meu quarto, sem que os ativistas se inteirassem de nada. O que não se sabe não se pode delatar.

"Antes da vinda dos refugiados, as cortinas no quarto da frente ficavam sempre abertas. No beiral da janela havia flores de todo tipo. Quando os refugiados vieram para a nossa casa, as cortinas foram fechadas, as flores desapareceram. Se nos perguntavam o motivo de tanta sobriedade, dizíamos apenas que já não tínhamos mais dinheiro para flores. Uma das minhas melhores amigas, que a cada duas semanas vinha fazer uma visita, também nunca tocou no assunto, embora tenhamos abrigado refugiados durante dois anos e três meses. Era melhor mesmo não se fazer esse tipo de pergunta."

— A senhora conhecia os membros da NSB do bairro?

— Sim, o Witteveen do moinho Geelmolen, mas você com certeza já ouviu falar sobre ele...

— Na verdade, não.

— Ele era chefe da NSB aqui em Vaassen, e era um bom fazendeiro. Trabalhava no moinho Geelmolen, aquele grande fora da cidade, e os filhos estavam sempre vestidos de preto com um boné alaranjado. Às vezes passavam de bicicleta pela nossa casa na alameda Juliana. Apesar de ter poupado algumas pessoas, era mesmo um membro da NSB. Antigamente, ele e a família assistiam à mesma missa que nós, mas, a partir do momento em que ele entrou para a NSB, aparentemente deixaram de ter trato com o pastor. Moravam na casa ao lado da nossa, o que fez com que o meu pai fosse procurá-los certa vez após a guerra. Witteveen disse que se sentia abandonado pela igreja. A certa altura, deixou de ter contato com a congregação, mas continuou achando que a igreja deveria ter ido procurá-lo.

— Havia outros judeus em Vaassen?

— Sim, o sr. e a sra. Van den Bosch, mas disso nunca ninguém ficou sabendo, porque eles também estavam escondidos. Em segredo, porém, às vezes nos visitavam.

Conto a ela com prazer que a família Van Beek não só me tinha como um próprio filho, também amaram-me como um filho. Isso eu sempre achei fantástico.

— É verdade, você era parte da família. Ia para a escola de bicicleta, normalmente. Era mesmo como um filho para eles. Em tudo eles o demonstravam.

— A senhora na época tinha ideia de que eu fosse judeu? — pergunto.

— Não é que eu tivesse ideia, eu sabia! — responde com um sorriso.

— Como? Acho que não a entendi direito. A senhora *sabia*?

— Era do conhecimento de todos. Que nós estávamos abrigando um casal de judeus ficou sempre em sigilo, mas no caso dos Van Beek era fato notório. Só não se falava a respeito.

Por algum tempo não sabia o que dizer.

Uma vez do lado de fora, ainda tentava assimilar o choque. Não fazia ideia de que se falasse sobre mim — sobre eu ser ou não judeu. Supunha que todos acreditavam de fato que eu fosse sobrinho do professor. Mas agora descubro que todo o vilarejo sabia quem eu realmente era, e que todos, portanto, silenciaram o fato.

Uma completa surpresa. Se eu soubesse que circulava de bicicleta pela cidade menos anonimamente do que imaginava, o meu período de esconderijo teria sido muito diferente. Teria passado por muita agonia, com certeza, e coisas que hoje relembro com relativo prazer — como poder ir normalmente para a escola, andar de bicicleta pela vizinhança, estar ao ar livre brincando com aeromodelos — teriam sido absolutamente impensáveis. Ao exemplo de Albert e Lenie, teria tido que viver me escondendo incessantemente, passando de um endereço a outro. Ou, como Anne, me isolar completamente do mundo exterior num único endereço, por detrás de janelas.

Dou-me conta de quão próximos um do outro estão a sorte e o azar. E se Barend van Beek não fosse um educador respeitado, mas um professor impopular com quem pessoas do vilarejo sempre *tivessem contas a acertar*? Será que eu ainda estaria aqui? Ou se o funcionário desconhecido que teve que preencher os papéis sobre as minhas origens tivesse pensado que eu não tinha dois, mas quatro avós judeus? No meu caso, as coisas sempre andaram bem — e quem sabe tenha tido ainda mais sorte do que imagino —, mas é evidente que tudo poderia ter sido muito diferente. O pai de Anne planejou nos mínimos detalhes o esconderijo da família, mas a sorte, que por pura coincidência esteve tantas vezes do meu lado, numa única e fatídica vez, os deixou na mão.

Sorte e azar não deveriam ser tão importantes numa vida. Talvez sejam determinantes na partida de um jogo, mas a partir do momento que deles dependem vidas, já não se pode falar em justiça. Fator mais que recorrente durante a Segunda Guerra Mundial, assim como também o é em toda e qualquer guerra.

A impressão é de que até hoje não se compreende muito bem quão deplorável se torna a vida das pessoas durante uma guerra nem quão importante é evitar ao máximo que as coisas cheguem a tal ponto. No entanto, trata-se aqui de fatos que todos deveríamos ter em mente, para sempre.

O FILME

Após uma das semanas mais especiais que tive na vida, embarco no aeroporto de Schiphol, acompanhado pelos meus poucos assistentes de filmagem, no avião que nos levará de volta a Tel Aviv. As 18 fitas, cada uma com pelo menos oitenta minutos de gravação, levamos como bagagem de mão. Elas fizeram vir à tona mais do que eu esperava. Mas o importante não sou eu, e sim o legado que quero deixar registrado. Um legado palpável — em forma de filme — a fim de que gerações por vir se conscientizem do que significa ser uma criança em tempos de guerra: os fatos que se perdem num cotidiano, num contexto de pequenas e excepcionais alegrias, mas também repleto de um sofrimento indizível e dos caprichos cruéis do destino.

Um belo dia de março de 2008, finalmente se concluiu o documentário *Os colegas de Anne Frank*. O primeiro público para quem se passou o filme foi exatamente o que eu tinha em mente em primeira instância: os meus netos. Não é preciso dizer que os antigos colegas de turma imediatamente receberam uma cópia do resultado final dos nossos esforços comuns. Esse ano e meio de troca de e-mails, de redação e filmagem não havia sido em vão, como me asseguraram.

O documentário ficou primeiramente em cartaz na Cinemateca de Tel Aviv, e depois *Os colegas de Anne Frank* começou a passar em diversos festivais de cinema em Jerusalém, Bucareste, Berlim, Paris, São Paulo e Nova York. No Festival de Cinema Internacional de Las Vegas, valeu-nos em abril de 2009 o Silver Ace Award. No mesmo mês, passou numa emissora de Israel e, na primavera de 2010, na televisão holandesa. Espero que o filme possa contribuir para um melhor entendimento, tanto na Holanda quanto em quaisquer outros países em que estiver em cartaz, das experiências de todas as crianças em tempos de guerra. E que estas nunca se tornem vítimas das ideias intolerantes dos adultos.

LITERATURA CONSULTADA

Fundação Anne Frank (Menno Metselaar, Ruud van der Rol, Dineke Stam e Hansje Galestoot), *Anne Frank Huis. Een museum met een verhaal* (Casa Anne Frank: Um museu que conta história), Amsterdã, 2008.

Barnouw, David e Gerrold van der Stroom, *De Dagboeken van Anne Frank* (*Os Diários de Anne Frank)*, Amsterdã, 2001.

Herzberg, Abel J., *Kroniek der Jodenvervolging* (Crônica da Perseguição aos Judeus de 1940 a 1945), Amsterdã, 1985.

Hondius, Dienke, *Absent. Herinneringen aan het Joods Lyceum Amsterdam, 1941-1943.* (Ausente: Recordações do Liceu Hebraico de Amsterdã de 1941 a 1943), Amsterdã, 2001.

Frank, Anne, *Het Achterhuis. Dagboekbrieven 12 juni 1942 — 1 augustus 1944* (O diário de Anne Frank: Cartas de 12 de junho de 1942 ao 1 de agosto de 1944), Amsterdã, 2008.

Frank, Anne, *Verhaaltjes, em gebeurtenissen uit het Achterhuis. Cady's leven.* (Historietas e acontecimentos do Desvão. A vida de Cady), Amsterdã, 2001.

Gold, Alison Leslie, *Hannah Goslar Remembers. A childhood friend of Anne Frank.* (Hannah Goslar rememora: Uma amiga de infância de Anne Frank), Nova York, 1997.

Lee, Carol Ann, *Anne Frank, 1929 — 1945. Het leven van een jong meisje. De defintieve biografie.* (Anne Frank de 1929 a

1945: A vida de uma moça jovem. A biografia definitiva), Amsterdã, 2009.

Liempt, Ad van, *Kopgeld. Nederlandse premiejagers op zoek naar Joden.* (Preço por cabeça. Os holandeses mercenários à busca de judeus), Amsterdã, 2002.

Lindwer, Willy, *De laatste zeven maanden van Anne Frank. Het ongeschreven laatste hoofdstuk.* (Os últimos sete meses de Anne Frank: O capítulo não escrito do diário), Hilversum, 2008.

Maarsen, Jacqueline van, *Anne en Jopie: Leven met Anne Frank* (Anne e Jopie: Vivendo com Anne Frank), Amsterdã, 1990.

Maarsen, Jacqueline van, *Ik heet Anne, zei ze, Anne Frank* (Chamo-me Anne, disse, Anne Frank), Amsterdã, 2003.

Müller, Melissa, *Anne Frank. De biografie* (Anne Frank. A biografia), Amsterdã, 1998.

Presser, dr. J., *Ondergang. De vervolging em verdelging van het Nederlandse jodendom, 1940 — 1945* (Declínio: A perseguição e o extermínio do judaísmo na Holanda de 1940 a 1945), 's-Gravenhage, 1965.

Visser, A., *Het verscholen dorp. Verzet en onderduikers op de Veluwe* (A aldeia oculta. Resistência e esconderijos na região do Veluwe), Bredewold — Weep, 2000.

AGRADECIMENTOS

Os meus mais cordiais agradecimentos a todos que me auxiliaram na filmagem do documentário e na redação deste livro. Em primeiro lugar, naturalmente, aos meus antigos colegas de turma Nanette Blitz (São Paulo), Hannah Goslar (Jerusalém), Lenie Duyzend (Amsterdã), Jacqueline van Maarsen (Amsterdã) e Albert Gomes de Mesquita (Eindhoven). À minha esposa Ora Rosenblat agradeço pelo amor, pela paciência e pelas suas ideias. A Eyal Boers e Martijn Kalkhove, Uri Ackerman, Michael Goorevich, Hila Haramati e Aliza Coster pela gentil colaboração na produção do documentário. A Peter Wingerder e Ronald Koopmans pelo auxílio na coordenação de projetos do filme na Holanda. A Sascha De Wied e Maurice Swirc pelas sugestões às expressões hebraicas e históricas. A Harold de Croon pela confiança na condição de editor deste livro, a Annette Lavrijsen pelo acompanhamento redacional e a Martin Bos por ter transcrito o meu relato.

1ª EDIÇÃO [2012] 4 reimpressão

ESTA OBRA FOI COMPOSTA PELA ABREU'S SYSTEM EM ADOBE GARAMOND
E IMPRESSA EM OFSETE PELA LIS GRÁFICA SOBRE PAPEL PÓLEN SOFT DA SUZANO
PAPEL E CELULOSE PARA A EDITORA SCHWARCZ EM AGOSTO DE 2017

A marca FSC® é a garantia de que a madeira utilizada na fabricação do papel deste livro provém de florestas que foram gerenciadas de maneira ambientalmente correta, socialmente justa e economicamente viável, além de outras fontes de origem controlada.